教育部高等学校戏剧与影视学类教学指导委员会专家推荐
全国艺术专业学位研究生教育指导委员会专家推荐
全国普通高校“中国电影史”课程推荐参考书目
西安外事学院省级一流学科建设专项资金暨引进高层次人才科研启动基金扶持项目

远逝的芳华：
中国早期电影人的婚恋研究

ACADEMIC STUDY on MARRIAGE & LOVE
of FILM CELEBRITIES in EARLIER CHINA

杨新磊　编著

编委
杨艳　刘维付　赵光强　杨喃　高博亚

人民东方出版传媒
東方出版社

图书在版编目（CIP）数据

远逝的芳华：中国早期电影人的婚恋研究 / 杨新磊 编著 . — 北京：东方出版社，2020. 9

ISBN 978-7-5207-1631-4

Ⅰ . ①远… Ⅱ . ①杨… Ⅲ . ①电影—文艺工作者—婚姻—研究—中国②电影—文艺工作者—恋爱—研究—中国 Ⅳ . ① D669.1

中国版本图书馆 CIP 数据核字（2020）第 143425 号

远逝的芳华：中国早期电影人的婚恋研究

（YUANSHI DE FANGHUA:ZHONGGUO ZAOQI DIANYINGREN DE HUNLIAN YANJIU）

编　　著：杨新磊
责任编辑：辛春来
责任审校：金学勇
出　　版：东方出版社
发　　行：人民东方出版传媒有限公司
地　　址：北京市朝阳区西坝河北里 51 号
邮　　编：100028
印　　刷：北京建宏印刷有限公司
版　　次：2020 年 9 月第 1 版
印　　次：2020 年 9 月第 1 次印刷
开　　本：880 毫米 ×1230 毫米　1/32
印　　张：8. 5
字　　数：198 千字
书　　号：ISBN 978-7-5207-1631-4
定　　价：49. 80 元
发行电话：（010）85924663　85924644　85924641

推荐序

中国早期的电影艺术，尽管从技术手段的呈现上来看，是沉闷的黑白时代；但是从艺术成就的角度审视，则是一个色彩斑斓、异彩纷呈、鲜明生动、名人辈出的彩色时代。一大批早期电影人，以对电影艺术炽热的献身精神，冲破了落后技术条件的制约，在战乱频仍的时代乱局中，植根并得益于古典人文精神的深沉滋养与时代精神的强烈感召，创造了一系列脍炙人口的电影名作，塑造了一系列栩栩如生的银幕艺术形象。如今，穿越时光回望，不乏沧桑之感，其中的艺术精品，如《难夫难妻》《神女》《马路天使》《渔光曲》《一江春水向东流》《小城之春》《乌鸦与麻雀》等，至今依然令人怦然心动。

早期精品电影产生恒久魅力的原因是多方面的。其中，最为主要的一个因素，就是对于爱情、婚恋、家庭主题或题材的深刻而生动的表现。只有爱的旋律，才可以穿透时空，在不同时代观众心灵中激起美的回响。这些优秀的早期电影人，比如周璇、阮玲玉、胡蝶、赵丹、金山、金焰、上官云珠、王丹凤、欧阳予倩、田汉等，以其俊朗的形象或姣好的面容，甜美的声音以及真挚、细腻、传神的情感表达技巧，通过塑造一系列经典的人物形象，定格了他们作为杰出艺术家在中国电影史上的独特地位，成为中国一代代观众心目中的“男神”和“女神”。

真正的艺术家的辐射力量，不仅仅存在于艺术作品之中。他们与普通人一样的爱情、婚恋、家庭生活，他们在银幕之外的爱恨情仇、悲欢离合、生老病死，也往往成为时尚甚或风尚的重要风向标，对世俗大众具有很强的引领和示范作用。人们往往把电影艺术家的银幕角色形象和生活中的真实形象合二为一，向他们投去太多的羡慕崇拜，希望以他们为师、为友，甚至成为自己最亲密的人；希望成为他们那样敢爱敢恨、敢作敢为，最终获得人生幸福的人。这正是多年来一代又一代年轻人“追星”的心理基础。

《远逝的芳华：中国早期电影人的婚恋研究》一书，正是从一个“史料揭秘”的角度，褪去了早期电影人身上耀眼的光环，以银幕下普通人的视角，从婚姻史的维度，还原了他们真实的生活形象和道德形象。在时代激流的冲击裹挟之下，卑微个体的命运难免跌宕起伏，婚恋选择的错位与无奈也成了常态。本书在时代风云诡谲变幻的背景下，再现了这些艺术家在追求爱情道路上的历程，激赏他们为了爱情飞蛾扑火般奋不顾身、因爱而激发艺术创造激情的人生乐章，也披露了他们在爱情抉择上的彷徨与迷茫。岁月倥偬，再次翻检早期电影人的世纪婚姻史，依然令人感时伤怀，感叹唏嘘。如果我们再联想新中国成立后乃至21世纪以来许许多多电影人斑驳复杂、光怪陆离的婚恋图景，那么，就会更加确信，电影人对于一个社会、一个时代的世俗大众，在婚姻观、恋爱观、家庭观的塑造上，的确具有重要的示范作用，也具有很强的社会学、伦理学意义上的“标本”研究价值。

“知人论世”[1]，是文学批评的重要传统，也是历久弥新的学术研究方法。本书的主编杨新磊教授、博士，长期从事戏剧影视学

---

① 《孟子·万章下》。

研究，在该学科多个领域卓有成就。在本书的选题上，他独具慧眼，不满足于前人对早期电影史的泛泛研究，而是关注到了早期电影人银幕光环背后的真实人生，在电影人“艺术角色”和“人生角色”的“互文关系”中，拓展出一片新的学术领地。毫无疑问，这是很有创新价值的学术探索。

杨新磊教授任教于西安外事学院人文艺术学院不久，迅即带领杨艳、刘维付、赵光强、杨喃、高博亚等5名广电艺术系、表演系中青年教师，一边从事繁重的教学工作，一边组建科研团队，协同合作，集体攻关，历时一年，终成此著，洋洋十万余言。此项目既是西安外事学院引进高层次人才科研启动费扶持项目，也是西安外事学院省级一流学科建设专项资金支持项目。这一项目的顺利结题，是我们人文艺术学院科研工作的新收获、新突破，殊堪贺忱！在新著付梓之际，我也衷心期待杨新磊教授所率团队能以此著出版为契机，深耕细研，拓展深化，斩获新的更大的学术成就！

是为序。

2019年11月22日

于西安外事学院鱼化湖畔

（王冠，西安外事学院人文艺术学院院长，教授，作家）

自　序

史学与文学，总是纠扯杂糅在一起，宛如中国人的婚姻一般。

历史，是史学与文学共同的关注对象。文学关注历史，即历史文学，重在叙述历史事件和刻画历史人物。史学则既要再现历史的事件与人物，也要表现历史的真实。事实与真实、再现与表现，是厘清史学与文学关系的关键。史学，天然地、内在地包含历史文学，历史文学作品具有一定的正史功能，它通过放大历史事实中的细节，达到还原历史事实之目的。但是，史学并不因此失去客观性与科学性，“历史真实”这一概念归根结底是成立的。

婚姻史是史学的一个新视野。在史学界，针对中国历史各个分期的婚姻史研究已蔚为壮观，但是，在文学领域特别是艺术学领域却鲜有问津。有鉴于此，笔者编著《远逝的芳华：中国早期电影人的婚恋研究》一书，致力于开辟艺术学研究的婚姻史维度，填补电影学研究的一个空白。

2000 年以降，婚姻史研究的进展很快。由一般的婚约、婚俗到婚姻形态、婚姻观念、婚姻结构、婚姻政策，再到各阶级各阶层通婚状况、民族联姻等，都有学者在研究。但是，不足也是显见的。笔者以为，应该更多地吸收其他学科的研究成果。当前，各学科的相互交叉渗透，已成了发展的潮流。史学虽有其自身的特点，但同样存在借鉴吸收的问题，特别像婚姻这种论题，本来就关联到很多学科，如社会学、人类学、民族学、民俗学、人口学、伦理学等。另外，婚姻与法学、医学也有关系。所以，应该去广泛吸收，积极借鉴，多方融合。在欧美学界，大跨度交叉、多学科渗透研究婚姻史，已非常普遍。著名历史学家南希·帕特纳（Nancy Partner）、萨拉·福特（Sarah Foot）合编的《史学理论手册》（*The SAGE Handbook of Historical Theory*）[①]的第一部第六章、第二部几乎全部都在深凿婚姻问题，始终在性别史与妇女史的牵引下推动婚姻史的研究稳健前行，亦可视为一种协同作战，深度勾连。

婚姻史上述诸多学科交叉的一个成功产物就是族谱学。族谱学，又称“家谱学”“谱系学”，英文为 Genealogy，词根为拉丁文的 genea（家庭）+ logos（知识），来自希腊文 γενεαλόγος，是研究族谱及其历史渊源的学科，属于家庭史的一个亚科。族谱学自 20 世纪中后期至今，始终是一门显学，且日益升温。

族谱学的研究对象就是族谱，包括收集家族成员的姓名，整理有关祖先的历史记录，绘制族谱树状图等。族谱，又称家谱、谱牒、宗谱、家乘、世谱、世牒等，先秦时期的《世本》[②]为族谱之滥觞。清乾隆年间协办大学士庄有恭（1713—1767）为武进庄氏族谱作序，称编修族谱有“五善”：“本祖德也，亲同姓也，训子孙也，睦故旧也，又有其大焉者，则报国恩也”[③]，足见族谱意义非凡。中国第一部

---

① 此书中译本可参余伟、何立民译本，《史学理论手册》，格致出版社、上海人民出版社 2017 年版。

② 《世本》，又作《世系》。“世”是指世系，“本”则表示起源。《世本》是一部由先秦时期史官修撰的，主要记载上古帝王、诸侯和卿大夫家族世系传承的史籍。全书包括《帝系》《王侯世》《卿大夫世》《氏族》《作篇》《居篇》《谥法》等十五篇。《世本》直接启发了司马迁《史记》的体例。

③ 《毗陵庄氏族谱·卷首序》。

族谱可追溯至西周中期甲骨文《家谱刻辞》中的“儿氏家谱”，距今已有三千多年。中国正史多为官修，从《史记》到《清史稿》皆有“表”，用表格简列帝王诸侯的世系与承袭关系。民间亦有此需求，族谱遂生。族谱虽多为民间私修，一家一族之秘藏，但编撰态度虔诚而恭敬，内容详尽，体例规范，时序连贯，谱系尊卑伦次严格，这些是任何官方文献所不能替代的。族谱学始于汉朝，到隋唐最盛，是一门集合地方志、文献学、目录学、民族学、文化史、方言学、民俗学的多 / 跨学科研究。国外学界也很重视族谱研究，美国犹他家谱学会（Genealogical Society of Utah，USA）是目前世界上规模最大的族谱学研究机构，藏有 50 多个国家和地区家谱的缩微胶卷，总量达 100 万卷。其中，收录 1974 年以前的中国家谱 3109 种，仅客家族谱就有 493 种。随着全球化的不断加剧和跨国移民的高烧不退，当代人的乡土情怀与寻根意识日益增强，迫切需要强化民族乃至家族归属感与自豪感，族谱学正显示出独特而强大的学术价值。①

基于婚姻史及族谱学，《远逝的芳华：中国早期电影人的婚恋研究》一书力图在电影学界开辟婚姻史洞察之先河，遴选 1949 年之前中国电影史上最重要的 80 多位影人，为其绘制婚史图甚或族谱图。这些影人，60% 都有两次及以上的婚姻，故需为其绘制婚史图；若还有不止一个子女，若其父辈、祖辈声名显赫，尤其是艺术世家，则还需为其绘制族谱图。如此下来，二图兼具者占 90%。可见，此书不是简单地、老套地铺陈人物传记，而是沿循婚姻史迹勾勒影人

---

① 笔者运用族谱学，又借助临床医学，分析了一代武侠电影大师胡金铨的死因，引起华语学界广泛关注，转引频次较高。可参杨新磊的论文《临床医学与族谱学双重观照下一代电影大师胡金铨的身与心》，全文 11794 字，首发于中国传媒大学第六届新闻学与传播学博士生学术研讨会（2012 年 12 月 14 日），中国知网、中国科技论文在线可检索；上海戏剧学院主办的《电影研究》（五）第 73—82 页全文转载，中国电影出版社 2018 年版。

事业的浮沉与起落，揭橥婚姻对事业的积极建构性，反思失败婚姻的破坏性与消极性。

此书除了上述严肃而重要的学术价值外，也具备相当的现实意义。当前的电影界、演艺界、娱乐界甚至全社会，早已忘却中国传统伦理美德，出轨频繁，小三、姘头遍地都是，情人、性伙伴比比皆是，很多人都见怪不怪麻木不仁了，这是国民道德素质的倒退，这是盲目吸收欧美纵欲享乐文化糟粕导致的堕落，是社会主义精神文明退步的典型表现。本书旨在呼唤影视界内外正视中国古代夫妻相处之道，相敬如宾，相濡以沫，同甘共苦，忠贞不渝，包容宽宏，恪守中国传统家庭美德，约束与检点自身的言行，经营好自己的婚姻，使之充满真正的爱情，和谐，温馨，牢固，进而促进自身事业的发展。

所谓“早期”，从我国始有电影算起，止于中华人民共和国成立，也就是1896—1949年，那时活跃于中国电影界的便是“早期电影人”。

目 录

黎民伟：一夫二妻三人行[①]

黎民伟（1893—1953），广东新会人，中国现代导演，被誉为“香港电影之父”。

1913 年，黎民伟编剧并主演剧情电影《庄子试妻》。1921 年，与黎北海、黎海山合作创办新世界戏院——香港历史上首家全华资戏院。1924 年，执导个人首部电影《胭脂》。1926 年，担任剧情电影《虞姬舞剑》摄影师。1928 年，由其执导的剧情电影《祖国山河泪》上映。1937 年，执导纪录片《淞沪抗战纪实》。1947 年，担任纪录片《勋业千秋》摄影师。

黎民伟一生的另一个关键词是革命，他十几岁就加入了同盟会。1921 年，孙中山就任非常大总统，黎民伟自此开始拍摄孙中山的纪录片，直至孙中山逝世。孙中山为褒奖黎民伟的贡献，亲笔为其题字“天下为公”。抗战爆发，黎民伟又冒险摄录了纪录片《淞沪抗战纪实》。

---

① 罗卡、黎锡编著：《黎民伟：人·时代·电影》，香港明窗出版社 1999 年版。黎锡：《黎民伟日记》，香港电影资料馆 2003 年版。罗卡：《黎民伟与早期香港电影制作活动的再考察》，《当代电影》2004 年第 3 期。

黎民伟不仅是早期中国电影的拓荒者，也是一个勇于斗争的革命志士。他始终恪守自己的人生准则和生活信念，为国爱民，表现出一个正直的、进步的、爱国的艺术家可贵的思想品格和人格魅力。黎民伟一贯注重影片的真实感，多才多艺，会编会导会演会摄，坚持宗旨纯正、艺术优美的创作原则，既体现了电影先驱们开拓进取的共同品格，又显示出其正直坚定的独特个性。

黎民伟先后迎娶了两位妻子——严珊珊（1896—1952）与林楚楚（1904—1979），严、林不分妻妾，不论大小，平等相处。黎民伟与两位妻子相伴一生，三人均致力于电影事业。

严珊珊是中国银幕上第一位女演员。出演《庄子试妻》时，严珊珊年仅 18 岁，从照片上看，神态端庄凛然，颇为上镜。这个祖籍广东南海的女子，辛亥革命时参加过北伐军的女子炸弹队，她深知自己无法做传统意义上的贤妻良母，唯恐无法满足丈夫对家庭的期待，便着手为丈夫物色另一个妻子，为自己寻找一个姐妹。1919 年，她和林楚楚相遇，当年，林就嫁给了黎民伟。

黎民伟和林楚楚，祖籍同为广东新会，黎生于日本横滨，林生于加拿大温哥华，而传统的"一个茶壶几只茶杯"的观念是深浸在他们骨子里的。从此，他们三人共同生活在一起。事实上，严比林大 8 岁，但二人不分大小，彼此平等相待。婚后几年，林楚楚也踏上影坛，主演了《胭脂》。在电影中，林楚楚扮演富家小姐；在生活中，严珊珊期待她扮演贤妻良母。

1952 年，严珊珊病逝于香港，第二年，黎民伟随之而逝，林楚楚从此退出影坛。

无疑，黎民伟的婚姻是非常成功而美满的，他的家族与姻亲是其成功的重要支柱。他将柔情与侠骨完美结合，在电影与革命之间觅得一条可行的中和之道，比那个时代诸多浪荡艺人和众多激进的革命志士均高明得多。

黎民伟与林楚楚的长子黎铿（1928—1965）是著名的童星，演出过《人道》《神女》《城市之光》《慈母曲》等影片，37岁病逝。

黎民伟与林楚楚的女儿黎萱（1931— ）是话剧、电影演员。黎民伟与林楚楚的孙女黎姿（1971— ）是歌影视三栖女星。

黎民伟的大哥黎海山、四哥黎北海，亦是中国早期电影的拓荒者。

黎民伟的侄女黎灼灼，即黎海山之女，是中国早期电影演员。黎灼灼（1905—1990），1932年参演第一部影片《人道》。次年，主演《三个摩登女性》和《母性之光》，走红影坛。1934年，她主演香港第一部体育片《破浪》，成为香港第一位健美女明星。抗战爆发后，主演《白云故乡》《同病不相怜》等影片。20世纪50年代，定居香港，长期在“邵氏”和“丽的”等影视机构任演员，参演《小时候》等多部电视剧。

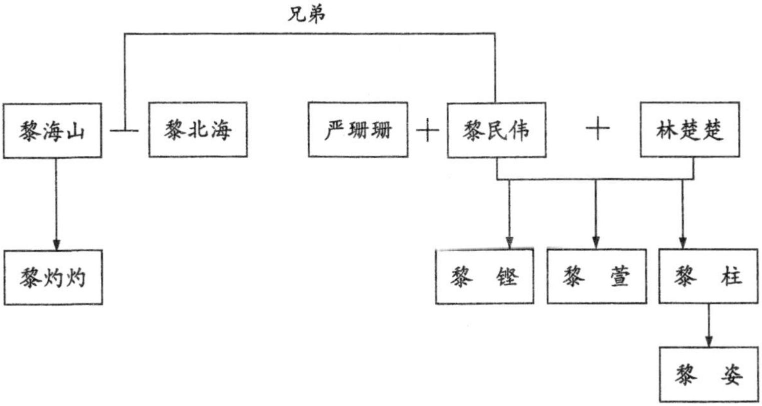

黎民伟婚史及族谱图

张石川：一家两处三人行[①]

张石川（1890—1953），浙江宁波人，中国现代导演、编剧，中国第一代导演的中坚。

张石川少年时代随舅父到上海经商，青年时代涉足电影。他导演的电影，代表作有《难夫难妻》《黑籍冤魂》《劳工之爱情》《孤儿救祖记》《三笑》《夜深沉》《金粉世家》《空谷兰》及六集片《啼笑因缘》等。1928 年，他导演的神怪武侠片《火烧红莲寺》引起轰动，跟拍成风。1931 年，他导演了以蜡盘配音的中国第一部有声影片《歌女红牡丹》。

张石川是中国电影的开拓者之一，一生共导演长短故事片约 156 部，数量之多，在中国电影史上绝无仅有。张石川的影片，题材各异，大部分为言情片，此外便是娱乐性较强的商业片。在 35 年的从影生涯中，张石川的思想有起有伏，作品良莠并见，但整体上结构完整，故事性强，通俗易懂，深受观众喜爱。张石川还是一个电影事业家，创办的明星影片公司在当时首屈一指，影响极大。张

---

① 李宗刚：《郑正秋、张石川二元互补性与中国早期电影》，《山东师范大学学报》（人文社会科学版）2009 年第 4 期。

石川着力培养新人，对明星公司的管理非常人性化，重友情，倡仁义。张石川除了影片摄制外，也重视发行，着力发展院线，努力改进拍摄设备，力图与国际接轨。

张石川当年单枪匹马来到十里洋场上海滩之后，不久就在一家下等妓院里结识了一名妓女。这个妓女美貌又善良，两人一见钟情，便开始同居，并且有了孩子。

不久，张石川又结识了上海的“皮货大王”何咏昌。何咏昌“家有娇女初长成”，择婿心切，一见到张石川就喜欢，觉得他精明能干，有进取心，将来能办大事，于是特意介绍张石川和女儿何秀君相识，并提出让二人成婚。何秀君见张石川精明能干，相貌英俊，打心眼儿里喜欢。两家很快就谈婚论嫁。

张石川的原妻，自知出身贫贱，无法在经济上支援丈夫，不能使丈夫事业腾飞，因此不反对张石川和何秀君结婚，但她提出一个条件，那就是要做正房。而何秀君则认为，自己是大家闺秀，下嫁穷小子已属屈就，故不愿当二房。张石川夹在当中，左右为难，只好去求教他的知心朋友郑正秋（1889—1935）。

郑正秋是调解纠纷的能手，他想出一个两全其美的方案，那就是让张石川与何秀君去杭州完婚，回上海后同居新巢；而原妻则和她的孩子仍住原处，以“一家两处”的形式维持下去。结果，双方欣然同意，果真按郑正秋的方案实行了。就这样，张石川与两个妻子相安无事，和平共处。

张石川一家都是电影人。

张石川的大弟张巨川，曾担任六合影片公司和中央大戏院经理之职。

张石川的二弟张伟涛，先是在明星公司任摄影，拍摄过《孤儿救祖记》等片，后来脱离明星公司，自办中华第一影片公司。

张石川的大女婿何兆璋（1915—1998），是明星公司的录音师，后又任导演，是著名的电影技术专家；二女儿张敏知，也担任过场记和影院经理；小女儿张敏玉，曾经拍过电影。

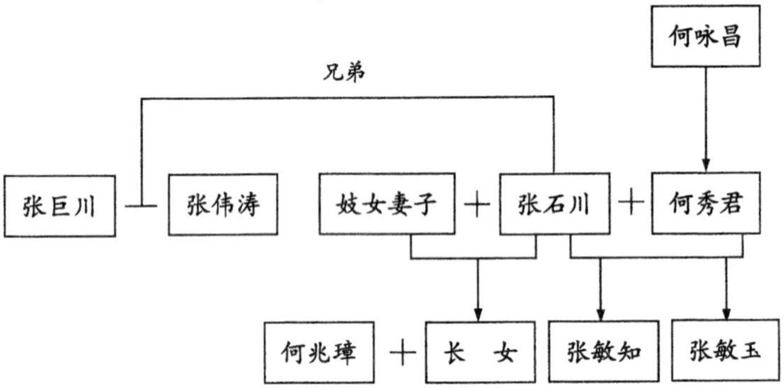

张石川婚史及族谱图

陈铿然：一妻一妹三人行

陈铿然（1906—1958），广东潮州人，中国现代导演、编剧。

1923年，陈铿然毕业于上海沪江大学。1925年，创办友联影片公司，自任经理兼编导。“五卅运动”爆发后，拍摄了纪录片《五卅沪潮》，及时在上海等几大城市放映，有力地揭露了帝国主义者的罪行，激发了中国人民反帝爱国的热情。此后，编导了《秋扇怨》《虞美人》等影片。1930年，他导演的13集武侠片《荒江女侠》上映，轰动一时。1933年，导演的影片《香草美人》正面提出了阶级斗争的鲜明主题，刻画了20世纪30年代中国工人的先进形象，描写了工人群众的斗争生活，受到进步电影评论的热情赞扬。

在早期影史上，由陈铿然和他的妻子徐琴芳、妻妹路明组成的“三人行”，不容忽视，非同寻常。

1925年，陈铿然邀徐琴芳、胡蝶、林雪怀等主演《秋扇怨》。该片是“友联”的开山之作，由陈铿然自编自导，女主演就是刚从中华电影学校结业的胡蝶和徐琴芳，前者后来成为名扬四海的“电影皇后”，后者以后成了他的妻子和终身伴侣。“友联”一共拍摄了40多部影片，其中，《荒江女侠》共拍了13集，与明星公司的《火烧红莲寺》同为当时最卖座的武侠系列片。《荒江女侠》的主演正是陈铿然之妻徐琴芳。

1936 年，陈铿然为艺华影片公司编导《广陵潮》一片时，大胆起用妻子徐琴芳的胞妹——17 岁的路明，出任女主角。

陈铿然与徐琴芳、路明后来又合作了《影城记》《女子公寓》《红粉飘零》等影片，配合默契，影片也颇受欢迎，成就了另一种独特的“三人行”，成就了一段影坛佳话。

徐琴芳（1907—1985），女，江苏武进人，中国现代著名电影、京剧演员。少时受家庭影响，酷爱戏剧。1924 年，考入中国第一所培养电影演员的学校——上海中华电影学校，同学有后来的影后胡蝶等。翌年，加入友联影片公司，与胡蝶联袂主演《秋扇怨》而成名。

徐琴芳个性爽朗，有巾帼丈夫风，能骑马、舞剑、开汽车，钦慕除暴安良的古代侠女。由她主演的我国第一部武侠片《荒江女侠》上映后，红极一时。此后，她又演了《红蝴蝶》《山东响马》《双剑侠》《虞美人》《海上英雄》等武侠片和其他影片 50 多部。“五卅惨案”发生后，与丈夫陈铿然一起冒死摄制了纪录片《五卅沪潮》。这部优秀的纪录片，对激发广大人民反帝斗争的爱国热情，起到了积极的作用。

1933 年，徐琴芳加入明星影片公司，出演《健美之路》《妇道》《女儿经》等影片。1935 年，又为新华影业公司主演了歌颂太平天国的《红羊豪侠传》。

徐琴芳嗜好京剧，擅唱谭派老生，扮相俊秀有神，唱腔宽亮动听，收放自如，为时人所瞩目。她主演的《文昭关》《乌盆记》《捉放曹》《四郎探母》等京剧，饮誉一时。新中国成立后，曾与京剧“四大名旦”之一的程砚秋合作演出，获得很高的评价。

路明（1919—2001），江苏常州人，1936 年被姐夫陈铿然发掘，出演电影《广陵潮》，表现不俗，就此步入影坛。1936 年，为艺华影片公司影片《红嘴唇》演唱的插曲《长城谣》，广为流传。此后，又演出了《影城记》《神秘夫人》《湘江歌女》《刺秦王》《女子公寓》《风流冤魂》《红粉飘零》等影片。1949 年后，加入上海电影制片厂，1975 年被动员退休。

路明的丈夫是电影导演陈西禾。陈西禾（1911—1984），福建闽侯人，1948 年起任文华影业公司编导，新中国成立后任上海电影制片厂导演，作品有《火葬》《姐姐妹妹站起来》《家》等。

陈铿然婚史及族谱图

邬丽珠：武侠女星，嫁身姐夫

邬丽珠（1907—1978），女，浙江定海人，中国现代演员。

邬丽珠的武功根基深厚，而且一直锻炼不辍，身手异常矫健出色，活跃于20世纪30—50年代的上海、香港电影圈，代表作为《雌虎闹京华》。她是中国影坛第一位武侠女明星。

邬丽珠从小喜爱武术，曾与武术家查瑞龙（1904—1972）同在“精武体育会”受过严格的训练，外号“女泰山”。后来，二人同上银幕，成为搭档。1925年，邬丽珠到商务印书馆活动影戏部演戏，主演了自己的第一部影片《情天劫》。随后，为国光影片公司主演了影片《母之心》，为复旦影片公司主演了影片《通天河》。

1928年，任彭年（1894—1968）自组月明影片公司，专拍武侠片，邬丽珠成为该公司的台柱子。当时，武侠片在国内大为走红，邬丽珠以其高强的武艺，在银幕上大显神威，舞刀弄剑，戎马驰骋，令观众叹为观止。在她主演的影片中，尤以与查瑞龙合演的《关东大侠》《飞将军》影响最大。《关东大侠》自1928年至1931年连续拍摄了13集，卖座率极高，任彭年因此大赚特赚，邬丽珠也成为我国早期影坛最有影响的女明星之一，被人们誉为“东方女侠”，在南洋各地影响尤甚。

邬丽珠与任彭年结婚后，成为月明影片公司的老板娘。此后，她又先后主演了《女镖师》第4、5、6集。1933年，她与张翼（1909—　）主演了《恶邻》。1935年，和金山主演了《昏狂》。《恶邻》因为具有鲜明的反日倾向，在租界放映时受到当局的查禁，但在南洋却受到广大爱国侨胞的热烈欢迎。同时，《恶邻》也是我国最早进入美国市场的两部影片之一，足见其影响之大。

抗战爆发后，武侠片逐渐衰落，月明影片公司在拍完《昏狂》之后也树倒猢狲散。此后，邬丽珠又为另外两家公司主演了《秘密女郎》《万众一心》二片。

1939年前后，邬丽珠、任彭年带领《关东大侠》原班人马到南洋巡回演出，所到之处，华侨夹道欢迎，大受追捧。

1939年以后，邬丽珠应邀在泰国参演了义侠片《南国历险记》，影响很大。此后，她又在香港为“南洋”“大中”等影业公司先后拍摄了《怪侠一枝梅》《剑光血影》《无双女侠》等片。

1946年，邬丽珠与王豪（1917—　）合作，为香港大中华公司主演了《女罗宾汉》《女勇士》《女镖师三战神鞭侠》等武侠片。但是，由于邬丽珠年老色衰，观众兴趣减退，上映后的效果大不如昔。

邬丽珠从影前后长达20余年，矢志不渝地演出她所钟爱的武侠片，弘扬中国传统“侠义”精神，始终如一，从不变节。仅凭这一点，便可略窥其“女侠”本色。

息影后的邬丽珠移民泰国，1978年6月23日病逝，享年71岁。

邬丽珠原是导演任彭年的小姨子。任的妻子——邬丽珠的姐姐邬爱珠（1905—1931），也是中国早期的电影演员。

邬爱珠19岁嫁给任彭年，并改姓任，婚后生育二子三女。邬爱珠曾主演过《后母之泪》《工人之妻》等影片。1931年，邬爱珠因病去世，年仅26岁。

邬爱珠与任彭年的一个女儿是任意之（1925—1978），香港演员兼导演，代表作为《丁香姑娘》《满园春色》等。

姐姐病逝后，邬丽珠参照“妻死妹代”的旧习，嫁给了任彭年，生有一女。

邬丽珠，一代影星，一代侠女，行为彪悍，但思想保守而传统。邬丽珠与姐姐邬爱珠、姐夫任彭年的情路婚史，形成另一种三人行，虽然传统，但稳重牢固。

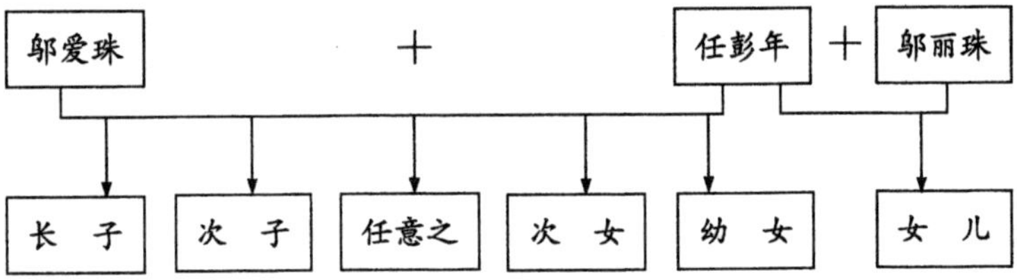

邬丽珠婚史及族谱图

张织云：女星堕落第一人

张织云（1904—1975），女，广东番禺人，中国现代演员。

张织云幼年丧父，家境困难，初中辍学，由母亲抚养成人。

1924年初，张织云考入上海大中华影片公司，主演了无声片《人心》《战功》。1925年，转入明星影片公司，主演《可怜的闺女》《新人的家庭》《空谷兰》等片，曾被上海新世界游艺场选为“电影皇后”。1926年后，主演《未婚妻》《爱情与黄金》《玉洁冰清》。1927年，张织云随富商唐季珊去美国结婚，后被抛弃，明星影片公司以其遭遇为原型拍摄《失恋》，并由张织云本人主演。1935年，参演有声片《新桃花扇》。1937年，参加粤语片《天之骄女》的拍摄。

张织云扮相雍容华贵，气若幽兰，眉宇间总是显现一种淡淡的忧愁，由于她善演悲剧角色，所以被誉为“悲剧圣手”。

张织云刚出道时，风度翩翩的卜万苍（1903—1974）是摄影师，他把张织云的银幕形象拍得很美。很快，两人同居。后来，卜万苍成为导演，张织云则是戏里的女主角，可这时的张织云已今非昔比。荣誉过早到来，飘飘然的感觉使张织云失去了自矜自重，她开始堕落，迷恋于在交际场合结交豪门巨富。卜万苍感觉到她的艺术生命即将终结，遂嫌弃她，两人分手。

此时，茶叶奸商唐季珊乘虚而入。唐季珊在乡下有老婆，全仰仗着老婆家的权势，所以，他是不敢离婚的。这一点，张织云是知道的，可当时的她红得发紫，早已被冲昏了头脑，哪里还有理智？起初，唐季珊对她不错，带她游历欧洲。唐季珊又把她带到美国好莱坞，原希望能凭着她“电影皇后”的身份拍戏发一笔横财，哪知好莱坞根本看不上张织云。张织云与唐季珊同居两年，花天酒地，挥霍无度。就在这时，电影也从默片转为有声片，阮玲玉、胡蝶开始成为时代的新偶像，张织云过气，被人淡忘。古训有云，“婊子无义，戏子无情”，比这二者更无情无义的便是奸商。不久，唐季珊移情别恋，又缠上了阮玲玉，张织云的好日子也结束了。

张织云被唐季珊抛弃，没有得到任何好处。他们同居时，两人曾签有契约，唐季珊曾答应，如果抛弃张织云，他将赔偿她 20 万元，并立下契约，双方各执一张，以此为证。可是，张织云手上的那张，被唐季珊悄悄销毁了，赔偿也就无从谈起。

事业与情感的双重打击，让张织云一蹶不振。她花光了所有积蓄，曾一度沦为妓女。1950 年，张织云移居香港。1953 年，短暂复出，出演了电影《天堂美女》。20 世纪 70 年代，生活窘迫，据说最后到了沿街乞讨的地步，死于香港街头。

张织云出身凄苦，文化偏低，本应勤学上进，稳重矜持，但她却耽于享受，贪慕富贵，最终沦为男人的玩物，她的一生是非常典型的女星堕落史。张织云的一生，与两个男人同居，却无人愿与她结婚，她一生都没有一次真正的婚姻，无儿无女。

殷明珠：有节有度，收放自如

殷明珠（1904—1989），女，江苏苏州人，中国现代演员。

1921年，殷明珠应但杜宇之邀，在《海誓》中扮演少女“福珠”，成为中国电影史上第一位名副其实的女主角。此后，她还演出了《阎瑞生》《红粉骷髅》《传家宝》《还金记》《盘丝洞》《媚眼侠》《东方夜谭》等十几部影片，以俏丽明艳的容貌名扬一时，开青春派偶像之先河。1935年，殷明珠在主演了有声片《桃花梦》后息影。1989年在香港去世，享年85岁。

殷明珠自幼天资聪颖。14岁，她进入上海中西英文女校，运动方面的天赋很快就发挥了出来，身体的柔韧性极好，轻松学会了骑马、骑自行车、驾驶汽车及游泳，就连女孩子不能参加的足球也敢于上场，与男孩子较量酣战，直至终场。各种舞蹈，她一学就会，唱歌更是拿手。

少女时的殷明珠，已出落得楚楚动人，身材颀长，鹅蛋形的脸庞，一双凤眼晶亮有神，不仅擅长运动，更喜欢模仿外国影星，洋气十足，同学们称呼她为“F.F. 女士”，意为“Foreign Fashion”，即“洋派时尚”人物。

女校肄业后，殷明珠进入邮电局当职员。由于能说会道，热情大方又彬彬有礼，英语流利，她在交际场上游刃有余，男人趋之若鹜，众星捧月。其实，殷明珠很鄙夷交际场上的恶少俗男。正是在交际场上，她结识了时为画家的但杜宇（1897—1972），两人志趣相投，一拍即合。殷明珠很羡慕西方影星的生活，但杜宇想尝试拍电影，因此，上海影戏司公的开山之作《海誓》的女主角就非殷明珠莫属了。

电影事业把殷明珠和但杜宇的情感牢牢地维系在了一起。尽管殷母出于对女人当演员的成见曾一度表示坚决反对，但是，殷明珠已经决心把自己奉献给电影事业，她与但杜宇之间的感情也到了瓜熟蒂落的时刻。最后，母亲不再以封建礼教旧观念苛求女儿，承认了他们的结合。在拍摄《重返故乡》和《传家宝》之后，1926 年 2 月 1 日，殷明珠和但杜宇在杭州结婚，证婚人称赞他俩“一双璧人，天作之合”。

殷明珠天生丽质，在银幕上更是光彩照人。她美丽的风姿、时髦的衣着、高雅的气质，一直吸引着大量的电影观众。殷明珠表演真切，形象动人，显示出非凡的艺术才能。

殷明珠是一个有节制的女人，收放自如，能进能退，艳而不淫，在男权世界游刃有余，出污泥而不染。选择但杜宇，是她一生中的明智之举。她能从一而终，更是她作为美丽女人的高明之处。

但杜宇的侄儿但子久、侄孙但淦亭、侄曾孙但二春（1915—　）、外甥贺佩之、外甥女贺佩蓉和贺佩瑛，都是早期演员。

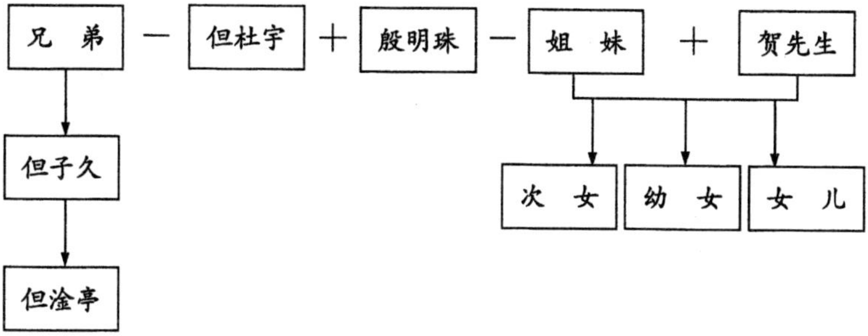

殷明珠婚史及族谱图

濮舜卿：中国第一位女编剧

濮舜卿（1902—？），浙江杭县人，中国电影史上第一位女编剧。

1924 年，濮舜卿加入长城画片公司，在《弃妇》中扮演了一个追求妇女解放的重要角色“采兰”。第二年，她将自己创作的话剧《爱神的玩偶》改编成同名电影剧本，由长城公司拍成影片上映，该片描写一个少女因为反抗封建家庭的包办婚姻，离家当了小学教员，寻找自我和新生。后来，又创作过话剧《黎明》、电影剧本《月老离婚》。

濮舜卿的剧作《人间的乐园》，是中国现代文学史上不可多得的艺术佳构，最早收入其 1928 年 6 月由商务印书馆出版的同名剧作集，是“文学研究会通俗戏剧丛刊”的第七种。1935 年，该剧本被收入赵家璧主编的《中国新文学大系·戏剧卷》，与侯曜（1903—1942）的《山河泪》均系当时“校园剧”的代表。

濮舜卿是当时少有的能进行文学创作的女性，是“五四”时期知识女性的代表。和冰心、庐隐、石评梅、冯沅君、苏雪林、林徽因、凌叔华、丁玲、白薇、萧红、安娥等一大批女性一样，濮舜卿属于觉醒了的新女性，具有强烈的自主意识。或许正是如此，濮舜卿没有在表演之路上走远，而选择了编剧，以此建构她的电影王国。

濮舜卿选择的丈夫是侯曜，中国早期电影导演兼编剧，电影界的知识分子，一位品位很高的男人。

侯曜（1903—1942），广东番禺人，毕业于东南大学教育学系。

侯曜是南京最早的社会主义青年团负责人之一，酷爱文艺，文学研究会成员。文学研究会出版“文学研究会通俗戏剧丛刊”9 种，其中侯曜一人就占了《复活的玫瑰》《弃妇》《春的生日》《顽石点头》《山河泪》5 种。

1924 年，侯曜进长城制造画片公司任编剧主任兼导演，先后编导了《弃妇》《春闺梦里人》《伪君子》等影片，后转入民新影片公司，编导了《和平之神》《海角诗人》等 7 部影片。

1933 年，侯曜到香港，为振业影片公司导演《呆佬拜寿》。1937—1940 年，是侯曜又一个出品电影的高峰期，编导了一大批娱乐片、古装片。抗战爆发后，侯耀编导了《血肉长城》《最后关头》《太平洋的风云》等抗日题材影片，后转至新加坡协助拍摄影片。新加坡被日军侵占后，侯曜惨遭日军杀害，牺牲时年仅 39 岁。

侯曜还是中国早期电影理论的拓荒者之一，早在 1926 年就出版了《影戏剧本作法》，这是中国最早的有关电影剧作的专著。

濮舜卿与侯曜，“五四”一代知识分子，进步青年，革命伉俪，用文学与电影谱写了辉煌壮丽的艺术人生。

濮舜卿 + 侯 曜

濮舜卿婚史图

陈玉梅：“邵氏”影业女掌门

陈玉梅（1910—1985），女，江苏孟河人，中国现代演员。

13岁时，商务印书馆影片部摄制《松柏缘》，陈玉梅作为配角首登银幕。15岁时，陈玉梅进入邵氏“笑舞台”训练班。16岁时，天一影片公司老板邵醉翁（1896—1979）与裘芑香（1898—1959）联合执导影片《唐伯虎点秋香》，邵醉翁大胆起用新人陈玉梅扮演“秋香”一角，陈玉梅由此声名鹊起。此后八年，她主演了《生机》《挣扎》等30余部电影，被杂志评为“电影皇后”。1934年息影。

陈玉梅有个外号——“节俭明星”。据说，她拍戏时，身为老板兼丈夫的邵醉翁舍不得用名贵的布料为她制作戏装，所以她总是穿一些旧戏装凑合着演。尽管如此，由于她的演技不错，又频频在银幕上露脸，从1930年起，陈玉梅已成为上海滩屈指可数的大明星。陈玉梅的影片，大多是与当红小生孙敏合演的，这段时间是陈玉梅走红的时期。

陈玉梅在《芸兰姑娘》中，还演唱了插曲《花弄影》《燕双飞》《节俭歌》《催眠曲》等插曲。由于她的歌声迷人，此后，每当影戏院放映她的影片时，放映前就在银幕上打出“节俭明星”“催眠姑娘”等字样，并播放她唱的歌曲唱片，很受观众欢迎。

1933年，陈玉梅主演了《生机》《挣扎》二片。正是从主演这两部电影开始，陈玉梅觉醒了，作风陡变，充满奋进意识。她不再做封建势力压迫下的女性，而是奋斗抗争，做一个表现革命的新女性。1933年，《电声日报》举办“中国十大男女明星”评选，排出胡蝶、阮玲玉、金焰、陈燕燕、王人美、高占非、黎灼灼、陈玉梅、郑君里、黎莉莉的次序，陈玉梅名列第八。

抗战爆发后，陈玉梅到香港，旋即告别银幕，安心相夫教子。以后，她除了在邵氏影业的《丹凤朝阳》《水晶心》等几部电影中担任过配音以外，在香港一直低调生活，人们很少关注她，内地的观众更无从了解她的信息。1985年，陈玉梅在香港去世，终年75岁。

陈玉梅的丈夫邵醉翁，是她步入影坛的领路人，也是她的影片的投资人，是她的老板。对于邵醉翁与陈玉梅的婚姻，当时不少人说，思想守旧的邵醉翁娶陈玉梅为二太太，纯粹是出于商业目的，如果以后陈玉梅人老珠黄，年老色衰，便会被邵醉翁打入“冷宫”的。但是，一直到了20世纪70年代，一家香港报纸刊出了一幅邵醉翁与陈玉梅的合影，人们终于发现，他们之间远不止老板跟当红女明星的关系，他们相依为命几十年，白头偕老。

陈玉梅为了报答把她领入电影界的这个男人，便以身相许，追随他一生。尽管在主演进步电影过程中，自主意识觉醒，但一直没有背叛婚姻。

陈玉梅是一个知恩图报的义女，一个传统的贤妻良母，一个节约勤俭的主妇，一个不无才华的演员。

邵醉翁，本名邵仁杰，祖籍浙江省宁波市，一共兄妹八人。早年，他们的父亲邵玉轩在沪经商，“笑舞台”的老板因无力还债而出售，邵玉轩遂派当律师的长子邵醉翁接收该剧院，邵醉翁由此走上文娱之路。到了1923年，邵家已趋败落，所有家业中只剩下一幢房子和一家“笑舞台”剧院。邵氏兄弟毅然卖掉房子，举家搬进“笑舞台”，破釜沉舟，立志在娱乐圈杀出一条血路。

于是，邵家四兄弟——大哥邵仁杰、老二邵仁棣、老三邵仁枚、老六邵仁楞全部投身文娱圈，并弃本名而改用艺名，依次为邵醉翁、邵邨人、邵山客、邵逸夫。四兄弟的别号均为大哥所起，皆源于陶渊明的田园诗篇。邵醉翁由买卖影片到放映电影，最终投资电影，于 1925 年成立中国电影史上赫赫有名的天一影业公司。

邵逸夫，身价百亿，但只经历过两段婚姻。

邵逸夫于 1937 年与年长他 5 岁的黄美珍在新加坡结婚，两人育有二子二女。这段婚姻维持了 50 年，直到 1987 年黄美珍 85 岁时病逝于美国。

邵逸夫的二任太太方逸华，1931 年出生于上海，随母亲长大，早年是红歌星，在南洋一带很受欢迎。两人在 1952 年邂逅，此后 40 余年，方逸华一直在邵逸夫身边帮忙打理“邵氏”和“香港无线”的日常业务。直至 1997 年，两人才在美国拉斯维加斯正式注册结婚，当时邵逸夫 90 岁，方逸华则是 61 岁。

自从发妻黄美珍逝世后，邵逸夫的几个子女便陆续淡出“邵氏”管理层。目前，邵逸夫的两个儿子均长居新加坡，在那里负责打理邵氏家族名下的商厦及住宅，对父亲的影视帝国则无接手兴趣。

显然，邵醉翁、邵逸夫均非玩弄女性的恶少，而是具有强烈事业心的企业家。同是商人，邵氏兄弟的境界要比那位玩弄、蹂躏女明星的商人唐季珊高出不知多少倍。或许是因为同为江湖沦落人，邵氏兄弟对艺人有着深切的同情，这或许就是邵逸夫向中国文化教育领域大量捐款几百亿元之心由。

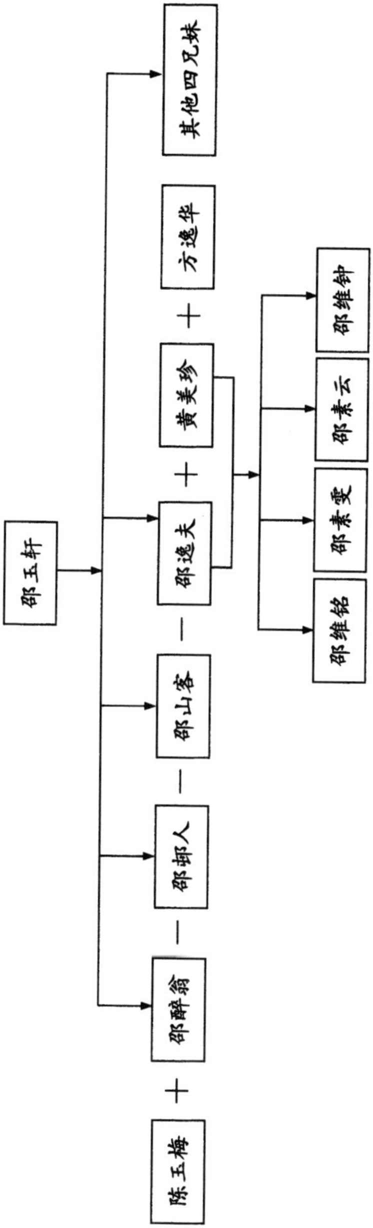

陈玉梅婚史及族谱图

唐纳：泛爱的影评人

唐纳（1914—1988），江苏苏州人，中国现代影评人。

唐纳原名马骥良，其父是津浦铁路局洋务译员，其母知书识礼。唐纳从小喜爱诗文，从苏州私立树德初级中学毕业后考入省立苏州中学。1930 年，开始在《吴县日报》发表散文、短诗。“九一八”事变后，积极投身抗日救亡工作。

1936 年，《大公报》在上海创刊，唐纳主编该报《戏剧与电影》周刊。抗战爆发后，唐纳任《大公报》特派战地记者，曾主编《中国电影》月刊。唐纳创作的话剧有《中国万岁》《陈圆圆》《生路》，还有 1950 年在美国创作并演出的独幕话剧《回国之前》，该剧表达了海外青年热爱祖国的心声。此外，唐纳还写了许多影评和歌词。

唐纳的第一任妻子是电影演员蓝苹，即江青（1915—1991），1935 年结合，不久离异，唐纳为此自杀两次，均未遂。

唐纳和蓝苹离婚后，投入抗日热潮，成为《大公报》的战地记者。1937 年上海陷落，唐纳与许多影剧界明星来到武汉。武汉形势吃紧后，唐纳又于次年西上重庆。1939 年 3 月，赵丹（1915—1980）见唐纳在山城孤身一人，便把初出茅庐的女演员陈璐（1922—2000）介绍给他。两人一见倾心，坠入爱河，以闪电般的速度结婚。1940

年 5 月 1 日，他们的儿子出生了。

当时的上海在日本侵占之下，进步文化人只能在租界里活动。即便这样，也不能演出或拍摄宣传抗日的作品，只能以《木兰从军》这样以古喻今的作品间接地进行抗日宣传。那时的租界成了“孤岛”，进步文化也就成了“孤岛文化”。唐纳思想左倾，曾是中国共产主义青年团团员。在唐纳的帮助下，陈璐进入“孤岛”电影界，演出过爱国影片《乱世风光》，但被日本禁映。当时，陈璐并不知道唐纳的政治身份，只知道他行动机密。

抗战胜利后，重庆的要员们纷纷争着从重庆赶回上海“接收”（当时人们戏称为“劫收”），唐纳却奉命又一次从上海赶往重庆。临走时，陈璐为唐纳整理行装，送他上路，依依不舍。意想不到，这一别竟是两人八年夫妻生活的终结。后来，陈璐与一位盐商结婚。

唐纳在蓝苹、陈璐之后，爱上了女演员康健[①]，在重庆同居，但二人性格不合，不久便分手。

1948 年，香港《文汇报》创刊，唐纳到香港，出任总编辑。同年 12 月，唐纳以《文汇报》驻联合国特派员身份离港赴美。1951 年辗转巴黎，从此之后，浪迹天涯。

1952 年 12 月 23 日，唐纳与北洋政府时期的驻法公使陈箓之女陈润琼喜结良缘。陈润琼当时是《自由论坛报》的记者，英文流利，法语也不错。在巴黎，两位记者弃文从商，开起了饭店，生意兴隆，越做越红火。陈润琼不仅善解人意，而且精明能干，善于经营，是唐纳名副其实的贤内助。唐纳与陈润琼育有一女，取名懿华，后来改成忆华。他教女儿学习汉字，讲解中华文化，借此寄托对祖国的

① 康健，生卒年不详，女，中国现代演员，活跃于 20 世纪 30—50 年代，曾在电影《十字街头》《中华儿女》《警魂歌》《无名氏》《遥远的爱》《名女人别传》中出演配角。

思念之情。

“文革”结束后，唐纳迫不及待携家人回国探亲。1985年秋，再次偕家人重游故地，拜会老友，计划撰写回忆文章，记录流逝的岁月。可惜，天不假年，遗愿未了，1988年8月23日，唐纳在巴黎被肺癌夺去了生命。

唐纳算不上一个电影人，也不是一个编剧，只是一个关注戏剧、电影的影评家和报人。他的政治立场也不稳定，在共产党与国民党之间摇摆不定，时左时右。他的职业从新闻、文艺到商人，兴趣甚广，涉猎广泛。唐纳一生经历了四次婚姻，他的四个女人的出身、性格也各不相同，足见唐纳是一个泛爱主义者。

陈璐（1922—2000），女，湖北武汉人，中国现代女演员。

陈璐本名陈丽珍，曾就读于汉口第一女中。16岁时，被武汉一个陈姓地主看中并霸占。抗战爆发后，参加了在武汉的四川旅外剧团，投身抗日救国洪流。以后，进入上海影剧界，因皮肤较黑，被称为“黑女美星”。曾出演话剧《文天祥》，连续数月观众爆满，轰动整个上海滩。之后，她还演过《雷雨》《日出》等话剧。曾出演《李香君》《乱世风光》《雨夜枪声》《红杏出墙记》《梅妃》《地老天荒》《玉碎珠圆》《春水情波》等影片。新中国成立初期，参加了在汉口的解放军中南部队艺术学院，后因部队改制回到上海。“文革”中，受到迫害，下放到湖北襄阳农村达10年之久。粉碎“四人帮”后，回到武汉。

2000年11月25日，在武汉市汉口无疾而终，享年78岁。

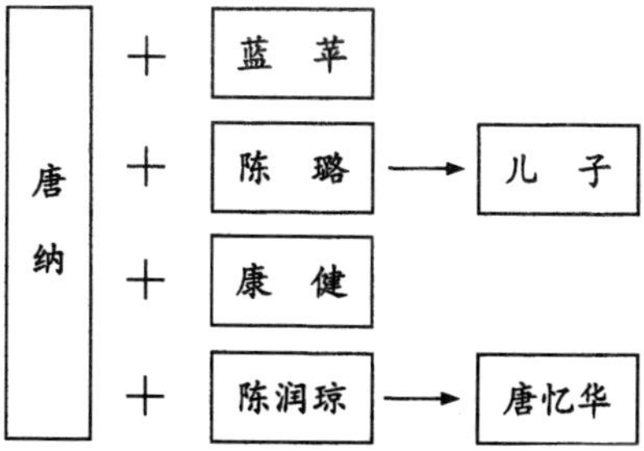

唐纳婚史及族谱图

顾而已与杜小鹃：平淡低调

顾而已（1915—1970），江苏南通人，中国现代演员、导演。

顾而已从小就喜欢戏剧、电影，父亲也很支持他，经常给他钱去看电影。当时，赵丹的父亲在南通开了一家电影院，顾而已常在那里看电影，便结识了赵丹，两人成了好友。受赵丹影响，自编自导自演了《南归》《苏州夜话》等舞台剧，在当地颇受欢迎。

1930年，顾而已到上海，入大同中学读书，发起成立大同剧社。1932年，加入中国共产主义青年团。1935年，参加上海业余剧人协会，因在舞台剧《钦差大臣》中饰“市长”一角而走红。1936年，他与金山、胡萍合演了首部电影《狂欢之夜》，之后便与新华影片公司签约，两年间先后出演《小孤女》《青年进行曲》《长恨歌》《貂蝉》等影片。

抗战爆发后，顾而已参加了话剧《保卫卢沟桥》的演出。随后，加入上海救亡演剧三队，投身抗日救亡，赴四川演出《民族万岁》《故乡》等剧。1938年，出演了中央电影摄影场的影片《中华儿女》和《长空万里》。1942年，先后在中华剧艺社、中国艺术剧社出演《大地回春》《屈原》《清明前后》等话剧，因饰演“楚怀王”受到郭沫若的表扬。

抗战胜利后，顾而已回到上海。1947 年，编写了揭露国民党接收大员豪取巧夺行径的剧本《衣锦荣归》，随后又参加了电影《幸福狂想曲》的拍摄。

1948 年，顾而已南下香港，为永华公司拍摄了《国魂》一片，并与顾也鲁（1916—2009）等组建了大光明影业公司，主演了《野火春风》一片。随后，自导自演了瞿白音（1910—1979）编剧的电影《水上人家》，很是卖座，为公司积累了资金。在他的极力主张下，公司将《小二黑结婚》搬上银幕，这部影片成为“大光明”最卖座的影片。

1951 年，大光明影业公司迁回上海后，顾而已任上海电影制片厂导演，先后联合或单独执导了《天罗地网》《地下航线》《罗汉钱》《燎原》《天仙配》等影片，为追求电影民族化作出了持久不懈的努力。

“文革”期间，顾而已受到迫害，于 1970 年 6 月自缢身亡。

顾而已充分运用自己形体肥胖和声音洪亮的有利条件来塑造人物。他不喜欢一招一式、一点一滴地刻画人物，而讲究一气呵成、浑然一体。无论表演风格，还是导演风格，顾而已的艺术都建立在现实主义的基点之上。他对剧目的要求，是必须具有浓烈的感情色彩和强烈的情感冲击，同时又要注意发掘角色感情的细微变化、内心纠葛和思想矛盾。他始终重视选择政治方向正确、积极健康向上的剧作。他的导演风格，早期比较讲究气势的连贯性，日益成熟后又更为细腻入微。

顾而已选择的妻子是杜小鹃，生卒及生平不详，中国早期女演员，内敛持重。

1936 年 4 月 26 日，一场别开生面的集体婚礼在杭州钱塘江畔的六和塔下举行。参加集体婚礼的有三对新人，他们是赵丹和叶露茜、顾而已和杜小鹃、唐纳和蓝苹。婚礼由著名导演郑君里担任司仪兼摄影，著名律师沈钧儒为他们主婚。三对新人之所以选择六和塔作为婚礼现场，因“六和”乃“六合”之谐音，它蕴含着新人对百年好合婚姻生活的向往。由于三对新人都是演艺界著名人士，这次集体婚礼引起了社会的广泛关注。

顾而已 + 杜小娟

顾而已婚史图

赵丹：阴差阳错，苦尽甘来

赵丹（1915—1980），江苏扬州人，中国现代著名演员、导演。

1931 年，赵丹考入上海美术专科学校，专攻山水画。其间，参加了多个校园剧团及“左翼剧联”的活动，演出抗日救亡剧目。1932 年，赵丹参演个人首部电影《琵琶春怨》，引起关注。1937 年，主演剧情电影《十字街头》，大受赞誉。1939 年，主演剧情电影《中华儿女》。1945 年，赵丹执导了茅盾的话剧《清明前后》。1949 年，凭借剧情电影《乌鸦与麻雀》获得中国文化部优秀影片个人一等奖。1950 年，主演剧情电影《武训传》。1957 年，主演剧情电影《海魂》。1958 年，由其主演的电影《林则徐》上映。1965 年，主演剧情电影《烈火中永生》，这是他生前拍摄的最后一部影片。1980 年 10 月 10 日，赵丹因患癌症在北京病逝，终年 65 岁。

赵丹有着激情澎湃、个性飞扬的表演艺术特质。赵丹那单纯耿介、孩童般天真无邪的人格气质，曾为他的演艺生涯带来源源不断的才情和灵感，成就了他的艺术创造，但也让他在人生与政治的舞台上屡屡失措，辗转流离。因为这种性格与气质，赵丹的艺术与人生之间永远横亘着一条无法弥合的鸿沟，一道深刻的裂痕。在近半个世纪的艺术生涯中，赵丹孜孜以求现实主义创作手法，不断探索中华民族的表演艺术体系，强调趣在法外、诗中有画、画中有诗的创作意境。赵丹的表演，主张体验和体现的和谐统一，洒脱自如，形神兼备，意境深邃，具有独特而深沉的艺术风格。

赵丹初进明星影片公司时，拍戏不忙，有一次，他去给女子商业学院排戏。演主角的学生庞小姐，长得相当秀丽，气质很高贵，赵丹对她颇有好感。赵丹的英俊也为庞小姐所倾慕，于是两人在排戏之外悄悄约会。赵丹当时月薪 30 元，经济拮据，屋里没有什么像样的家具，实在太寒酸了。庞小姐来看望病愈出院的赵丹，这下可让她傻眼了，站没地方站，坐没地方坐，手里的鲜花也不知往哪里放，局促不安地应付了一阵，便匆匆告辞。从此，这位高贵的小姐就在穷小子赵丹面前蒸发了。这是赵丹的初恋，以失败告终。

1936 年 4 月，西子湖畔，六和塔下，一场轰动中国电影界的集体婚礼在此举行。赵丹与叶露茜、蓝苹与唐纳、顾而已与杜小鹃，六位俊男靓女，三对夫妻，由爱国大律师沈钧儒证婚，大导演郑君里主持仪式，轰动全国。

赵丹与叶露茜是一见钟情，那时叶露茜只是上海商业学校的一名学员，而赵丹已是名满上海滩的大明星。赵丹去该校业余剧团指导排戏，“校花”叶露茜自然是赵丹最关注的学生。当叶露茜第一次与自己着迷的影星赵丹零距离接触时，就深深被其气质和才华吸引，两颗年轻的心碰在一起，自然形成一团烈火，从此二人相爱了。赵丹曾当众自豪地说：“我成了快乐王子，因为我拥有一个世界上最美最美的女人。”

婚后，赵丹与叶露茜十分恩爱。叶露茜第一次怀上孩子时，赵丹正忙于拍摄《十字街头》和《马路天使》。为了尽力支持丈夫，叶露茜甘愿放弃了自己的艺术事业。婚后，叶露茜生育两个孩子，一个是长女赵青，另一个是长子赵矛。

1939年秋，赵丹告别妻子叶露茜，与同伴从重庆出发奔赴新疆，准备在那里开辟新的戏剧事业。那时的新疆被大军阀盛世才把持，他哪里容得下赵丹这批进步人士，于是将他逮捕入狱。为此，叶露茜长途跋涉到新疆，到处奔走，设法营救丈夫，未成，只好悻悻然回到重庆。

1943年2月，传赵丹被盛世才枪杀，叶露茜痛不欲生，并打算以身殉夫。在友人的多方劝阻下，考虑到两个年幼的孩子，叶露茜才打消了轻生的念头。随后，叶露茜为了两个孩子，与作家杜宣结婚。

叶露茜（1917—1992），女，广东南雄人。1934年在南洋高级商业学校读书时，就酷爱艺术，积极参加上海左翼业余演剧活动，是“左翼剧联”的主要演员，先后参演《钦差大臣》《大雷雨》《武则天》和阳翰笙的《塞上风云》、于伶的《夜光杯》、田汉的《最后胜利》等剧目，进行抗日战争宣传活动。

1944年春，参加新中国剧社戏剧活动。翌年秋，抵达香港，在中共港澳工委领导下成立港九妇女联谊会，并担任主席。1947年2月，叶露茜在香港加入中国共产党。第二年，担任中共港沪交通员。

新中国成立初期，任上海市总工会康乐科科长、上海市文化局文艺科长等职，长期在基层负责文化工作。

1961年，调到上海戏剧学院，参加导演系筹建工作，同时担任戏曲导演班班主任，编写出剧本《山乡风云》和关于导演构思、导演阐述的两本教材。

“文革”中，受到迫害。“文革”后，任上海戏剧学院托儿所所长，后又回到导演系工作。

1992年1月逝世，终年75岁。

杜宣（1914—2004），江西九江人，中国现代作家。

杜宣原名杜苍凌。1932年，加入中国共产党。1933年，参加中国左翼戏剧家联盟，后赴日留学。1937年，毕业于日本大学法律系。1938年，参加新四军，历任战地服务团秘书、《戏剧春秋》杂志编委、新中国剧社社长、《群报》总编辑、香港大千出版社社长。

著有话剧剧本《无名英雄》《难忘的岁月》《动荡的年代》《上海战歌》《彼岸》《抗美援朝大活报》《欧洲纪事》《梦迢迢》《世纪的悲剧》《沧海还珠》，散文集《西非日记》《五月鹃》《飞絮·浪花·岁月》《芳草梦》《桂叶草堂漫笔》，电影文学剧本《兰兰和冬冬》《长虹号起义》《先驱》《沧海还珠》等。2004年，8卷本《杜宣文集》出版。

2004年8月23日病逝，享年91岁。

1945年清明前后，赵丹从新疆逃回了重庆。死里逃生的赵丹得知妻子已改嫁后，他没有埋怨叶露茜，只说了一句话："一句谣传，害得我妻离子散。"

1947年春，赵丹在主演剧作家陈白尘的《幸福狂想曲》男主角"吴志海"过程中，与女主角"张月华"的扮演者黄宗英相识，相恋。1948年元旦，赵丹和黄宗英结为伉俪。

此前，黄宗英已有过一次不幸的婚姻。婚后，黄宗英生了三个男孩：赵橘、赵佐和赵劲。

赵丹是一个重情重义的男人，一生的两次婚姻都很成功。阴差阳错失去叶露茜，并非他的故意，乃动荡的时局使然。同样，叶露茜的两次婚姻也无可挑剔，为了生存和抚养子女而再嫁，无可厚非。赵丹、叶露茜是难得的有责任感的早期艺人。在他们的婚姻中，作家杜宣的宽宏与大度，也是令人钦佩的。

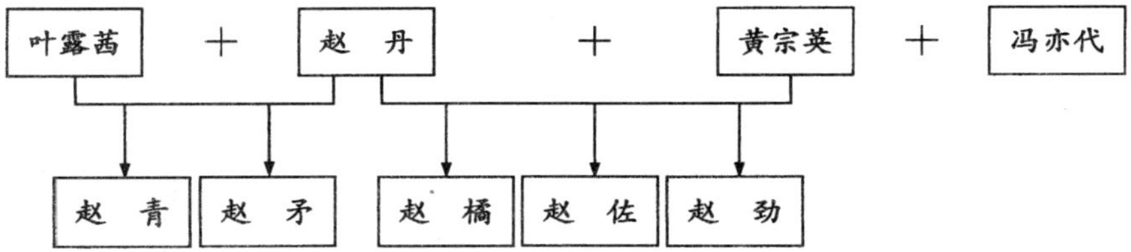

赵丹婚史及族谱图

黄宗英：一生四婚，大度从容

黄宗英（1925— ），女，中国现代演员、作家。

黄宗英原籍浙江瑞安，生于北平，天津南开中学肄业。1941 年，黄宗英到上海，先后在上海职业剧团、同华剧社、北平南北剧社任演员，因主演喜剧《甜姐儿》出名。1946 年，开始发表文学作品。1947 年从影，先后在北平中电三厂、上海中电一厂及二厂、昆仑等影业公司主演《追》《幸福狂想曲》《丽人行》等影片，在《乌鸦与麻雀》中扮演国民党小官僚的姘妇“余小瑛”，该片后获文化部优秀故事片一等奖。新中国成立后，任上海电影制片厂演员，演出了《家》《聂耳》等影片。1954 年，创作电影剧本《平凡的事业》。1965 年后，在中国作协上海分会专事创作，是中国作协第四届理事，所作《大雁情》《美丽的眼睛》《橘》获全国优秀报告文学奖，还将其报告文学《小木屋》改编并作为主持人摄制成电视片。出版有散文集《星》《橘》《半山半水半书窗》《上了年纪的禅思》《百衲衣》，以及《黄宗英报告文学选》《黄宗英文集》等。

黄宗英的第一次婚姻，是 17 周岁时，1942 年与郭元彤结婚。郭元彤是学指挥的，年轻而有才华。不料，结婚那天郭就病了，婚后第 18 天，郭元彤去世。

短短 18 天的婚姻悲剧，使黄宗英的精神受到重创。半年后，黄宗英重返上海，后来又应聘到南北剧社，担纲主演，往来于津沪之间，成了红极一时的女演员。该剧社社长程述尧（1916—1992）对黄宗英十分关爱，1946 年，黄宗英嫁给了程述尧，1948 年初离婚。

黄宗英的第三次婚姻，是与演员赵丹的结合。1946 年冬，黄宗英第一次拍电影，在影片《追》中饰演女主角。接着，她又在电影《幸福狂想曲》中饰演女主角，这使她与赵丹的命运紧紧连在了一起。那时，赵丹一个人带两个孩子，黄宗英很同情他。

拍摄《幸福狂想曲》时，赵丹刚从新疆军阀盛世才手中死里逃生。黄宗英的出现，让赵丹一见钟情，于是，主演《幸福狂想曲》的同时也成了黄、赵的恋爱进行曲。当影片拍摄完成时，两人已经深深坠入了爱河。当时，黄宗英 22 岁，赵丹 32 岁，但黄对赵的爱情是真挚的，她平静地认为与赵丹结合是命中注定的。

婚后，黄宗英生了三个男孩：赵橘、赵佐和赵劲。另外，她还收养了周璇的两个儿子周民、周伟。加上赵青和赵矛，赵丹家一共有 7 个孩子。在这个多子女的大家庭里，作为作家、表演艺术家的黄宗英不仅事业上有成，而且作为一位母亲，无论是生母还是继母、养母，她都是一位好母亲。

《幸福狂想曲》上映后，黄宗英年轻漂亮的形象及自然纯熟的演技，使众多影迷为之倾倒，她也引起了不少导演的关注。之后一年多，黄宗英又参演了《丽人行》等多部影片。1948 年末，国民党政权风雨飘摇，黄宗英与赵丹一起出演了电影《乌鸦与麻雀》。该片获得巨大成功，被认为是 20 世纪 40 年代后期喜剧电影中成就最突出的作品，也是黄宗英引以为荣的代表作。

正当黄宗英日子过得格外舒心、创作热情空前高涨的时候，中国知识分子特别是电影创作人员却遭遇了一场突如其来的风暴。那次运动，由对电影《武训传》的批判而引发。在该片中，赵丹扮演男主角“武训”，黄宗英也出演了一个角色。1951 年 5 月，一场空前的政治运动在全国范围内迅速展开，紧接着便是文艺整风运动，黄宗英与赵丹遭受了沉重的打击。

1956 年 5 月，毛泽东提出“百花齐放，百家争鸣”，中国电影又开始呈现繁荣景象。这一时期，黄宗英出演了根据巴金名著改编的同名影片《家》，在片中饰演“梅表姐”，这无疑是她演艺生涯中又一个代表作。

1980 年 10 月 10 日，赵丹去世。

黄宗英的第四次婚姻，是与冯亦代的黄昏恋。冯亦代和黄宗英早年就相识，1949 年前他们都活跃在党的左翼文艺战线上，但 1949 年后几十年两人的生活轨迹一直没有交叉。直到 90 年代初，两人都痛失伴侣，丧偶单身，这才再度走近。黄宗英爱好写作，多年来笔耕不辍，而冯亦代已是我国文学界、翻译界、出版界大师级人物。他们的这段黄昏恋，热烈程度丝毫不亚于年轻人。结婚前，黄宗英住在上海，冯亦代则居北京，二人书信传情，仅一年多竟然写下了 50 万字的情书。1993 年底，二人的“纯爱”结出硕果，他们在北京结为伉俪。此时，冯已 80 岁高龄，黄已 68 岁，他们的结合造就了中国文坛一段佳话。

冯亦代（1913—2005），浙江杭州人，中国现代作家、翻译家、出版家。

1936 年，毕业于上海沪江大学工商管理系。1941 年到重庆，任出版机构中外文化联络社经理。1943 年，组建中国业余剧社，任副社长（茅盾任社长）。1946 年，加入中国民主同盟。新中国成立后，历任新闻总署国际新闻局秘书长、外文出版社出版部主任、《中国文学》编辑部副主任、《读书》副主编。1957 年，被打成“右派”。

1994 年，与赵丹遗孀黄宗英结婚，传为文坛佳话。2005 年 2 月 23 日，病逝于北京。

著有散文集《龙套集》《书人书事》《漫步纽约》《悔余日录》等，翻译了美国海明威的小说《第五纵队及其他》。

截至此书出版时，黄宗英仍然健在，已 95 岁高龄，每天读书看报，平静充实。

黄宗英的哥哥是黄宗江，中国现代剧作家、演员；还有两个弟弟黄宗汉、黄宗洛。

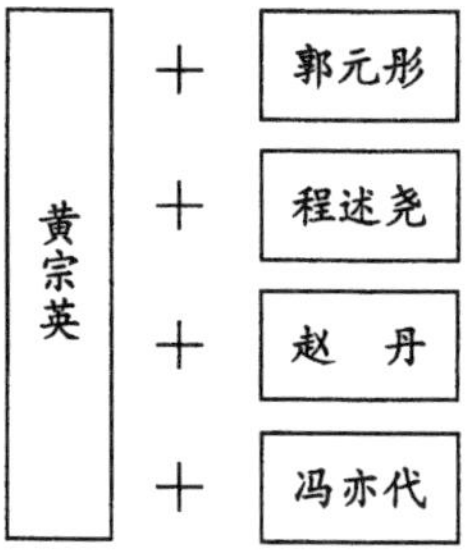

黄宗英婚史图

程述尧：摇摆不定，一生三婚

程述尧（1916—1992），山东济南人，中国现代演员、翻译。

程述尧 8 岁随父迁居北平。中学就读于教会学校育英学堂，后考入燕京大学教育系。在校期间，活跃进步，主动帮助休学参与抗战的同学。1941 年，日军攻陷北平，占领燕京大学，程述尧等 20 名进步师生被日本宪兵队逮捕，一个多月后经亲友斡旋获释。1944 年，在辅仁大学结束大学学业。

毕业后，先赴济南，在教育部门担任督学，不到一年即回到北平，入中央银行任行长英文秘书。在此期间，组建“南北剧社”并任社长，以其银行薪金作为经费业余从事民间演剧活动。当时，剧社成员有丁力、黄宗江、卫禹平、孙道临、于是之、黄宗英等，剧团日常活动场所是他与黄宗英在中央银行的宿舍。国共重庆谈判时，曾任美国军方的翻译。作为民间文艺团体的负责人，曾受到共产党谈判代表团叶剑英、黄华等人宴请和接见，席间，向叶剑英痛斥国民党的压迫之苦。

1946 年，程述尧与黄宗英结婚，1948 年初离婚。

1947 年，程述尧南下上海，入昆仑公司，任金山的秘书。在电影《大团圆》中饰演“大少爷”。该片以一个北方普通家庭为背景，表现了人们不甘心国民党的黑暗统治，向往光明与进步。

1948 年上海解放，程述尧受上海市文化局派遣，接管原为英国人管理的兰心戏院，并任副经理。1950 年，上官云珠在兰心戏院表演话剧《红旗歌》，程述尧对她倾心，不久结婚，成为上官云珠的第三任丈夫，育有一子，取名程韦然。“三反五反”运动中，受诬陷，遭审查，运动结束后与上官云珠离异。

1955 年，与同在上海文化局工作的吴嫣结婚。吴嫣乃交际花出身，背景复杂。1955 年，吴嫣受“潘杨案件”牵连，被捕入狱 5 年，出狱后失去公职。

此后，程述尧在历次政治运动中不断遭受打击和迫害，始终在上海市徐汇区几家影剧院任普通职工，直至退休。

1992 年秋，程述尧因病逝世，时年 77 岁。

程述尧的一生，政治立场摇摆不定，三次婚姻都不算成功。

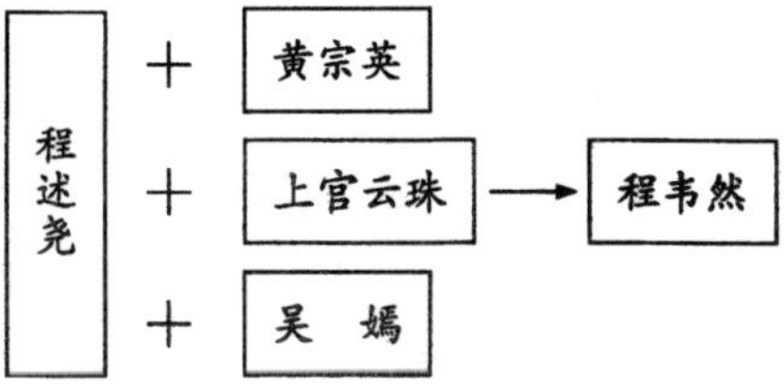

程述尧婚史图

上官云珠：三段婚姻，以死明志

上官云珠（1920 — 1968），女，江苏江阴人，中国现代著名演员。

上官云珠原名韦均荦。1926—1930 年，读小学。1933 年，到常州武进女子师范附中读书。1935 年，转入苏州乐益女子中学就读。1937 年卢沟桥事变后，随家人避难上海，进入何氏照相馆任职。1940 年 4 月，入华光戏剧专科学校学习话剧，后转入新华影业公司演员训练班。

1940 年，上官云珠参演个人首部电影《王老虎抢亲》。此后，出演过电影《玫瑰飘零》《国色天香》《黑衣盗》。1947 年，主演的剧情电影《一江春水向东流》上映，引起轰动；同年又出演电影《天堂春梦》《太太万岁》。1948 年，出演电影《万家灯火》《希望在人间》。1949 年，主演剧情电影《乌鸦与麻雀》，凭借该片获得文化部优秀影片个人一等奖。1955 年，主演剧情电影《南岛风云》。1959 年，出演电影《今天我休息》。1961 年，出演电影《枯木逢春》。1962 年，被文化部评为“新中国二十二大电影明星”。1963 年，出演电影《早春二月》。1965 年，出演剧情电影《舞台姐妹》。1966 年，被“红卫兵”抄家，关进牛棚。1968 年 11 月 23 日凌晨，因不堪迫害，拒绝玷污毛泽东声誉，上官云珠跳楼自杀，年仅 48 岁。1978 年，恢复名誉。1994年，获上海宝钢高雅艺术奖。1995年，获中国电影世纪奖最佳女演员奖。2005年，荣登“中国电影百年百位优秀演员”名单。

上官云珠艳丽的外貌、优雅的气质，非常适合扮演中产阶段少妇，她塑造的20世纪40年代上海贵妇、官僚艳妇形象，给观众留下了深刻印象。她也能娴熟地饰演社会地位完全不同的女性，戏路较宽，表演技巧娴熟，人物性格鲜明，是难得的优秀女演员。同时，她具有敏锐的政治嗅觉，为人精明世故，这都为她的演艺事业增添不少光彩。难能可贵的是，上官云珠颇具正义感，有气节，有铁骨，宁为玉碎不为瓦全，敢于以死明志，这在女演员中很少见，在中国历代女性中也属凤毛麟角。

1936年前后，14岁的上官云珠到苏州读书，她大哥的一位同学张大炎在那里教美术。张大炎对这位比自己小九岁的学生妹妹非常爱慕，照顾有加，上官云珠很快怀孕，他们只好结婚。不久，17岁的上官云珠生下了儿子张其坚，被迫中断学业，回张家做起专职儿媳。

1937年抗战爆发，上官云珠随张家逃难到上海。为了谋生，她到上海巴黎大戏院旁边的何氏照相馆做了开票小姐。不久，遇上影业公司老板张善琨，后者为其起艺名“上官云珠”。

1940年，上官云珠与反对自己演戏的丈夫张大炎的矛盾越来越大，二人离婚。

1942年，上官云珠加入“天地剧社”，认识了第二任丈夫姚克。姚克也是苏州人，20世纪30年代上海文坛才子，曾与鲁迅来往密切。1944年8月，上官云珠生下了她与姚克的女儿姚姚。未料，正当上官云珠在天津、济南、青岛等地演出时，姚克在上海爱上了一个富家女。上官云珠闻讯后，与之离婚，不满两岁的姚姚跟了她。

与姚克离婚后，上官云珠与同为演员的蓝马开始了一段感情生活，这是她生命中的第三个男人。可惜，他们没有结果，最后还是分手了。

姚克（1905—1991），福建厦门人，中国现代剧作家、学者。

姚克祖籍安徽歙县，上海东吴大学毕业。20 世纪 30 年代初，致力于优秀外国文学作品的译介，把鲁迅的《短篇小说选集》译成英文，由此与鲁迅成为好友。“七七事变”后，参与集体合作的话剧《保卫卢沟桥》，组织百人演出，赴苏联为争取欧洲支持中国抗战而演说，赴美国耶鲁大学戏剧学院进修。1940 年回国，在上海的圣约翰大学、复旦大学任教，参与中共地下组织领导的进步戏剧活动。1940 年，与费穆一同创建天风剧团，演出了《浮尘若梦》《十字街头》《梅花梦》等剧，编写了历史剧《清宫怨》。太平洋战争后，上海沦陷，创作了历史剧《楚霸王》《美人计》《蝴蝶梦》《西施》《秦始皇》《银海沧桑》等，撰写了学术专著《怎样演出戏剧》。抗战胜利后，担任上海兰心剧场经理，演出其编剧的《热血五十年》，描写台湾向往回归祖国。1948 年，赴香港，将《清宫怨》改为电影《清宫秘史》，由永华影业公司拍摄。其后，主要在香港中文大学、新亚书院、联合书院任教。1968 年赴美国，在夏威夷大学执教现代中国文学和中国哲学史。1980 年 3 月，中共中央组织部就《清宫秘史》之案为姚克平反，人民出版社重印了《清宫怨》剧作。

蓝马（1915—1976），原名董世雄，北京人，中国现代演员。

1934 年，参加成立于上海的中国旅行剧团。1939 年，随中国救亡剧团赴香港、新加坡等地演出。1942 年，在重庆参加中国艺术剧社，主演话剧《戏剧春秋》。1946 年，参加上海剧艺社，次年转入昆仑电影公司，主演话剧《李秀成之死》《升官图》和电影《万家灯火》《丽人行》《希望在人间》等。1950 年，参加中国人民解放军，历任总政治部文工团副团长兼话剧团团长，系中国文联第一届委员、第二届全国政协委员。

1951年，上官云珠与程述尧结婚。这是她的第三任丈夫，第四个男人。程述尧毕业于燕京大学，与黄宗江、孙道临是同学，曾组建南北剧社，自任社长，丁力、黄宗江、孙道临、卫禹平、于是之、黄宗英等都是剧社成员。程述尧1946年与黄宗英结婚，后黄宗英认识并追求赵丹，便和程离婚。上官云珠与程述尧结婚后，生有一子，取名程韦然。1952年，全国开展“三反五反”运动，程述尧被诬有经济问题，上官云珠便和程离婚，儿子程韦然判给程抚养。

与程述尧离婚后，上官云珠很快和导演贺路发生了一段感情。这是她生命中第五个男人，最后一段爱情。贺路是一个无名小导演，是上官云珠的粉丝，还是她的房客，对其痴迷不已。但是，上官云珠与他并未正式结婚。

上官云珠的女儿姚姚，1975年9月23日因车祸身亡。儿子程韦然，后成为北京某出版社的编辑。

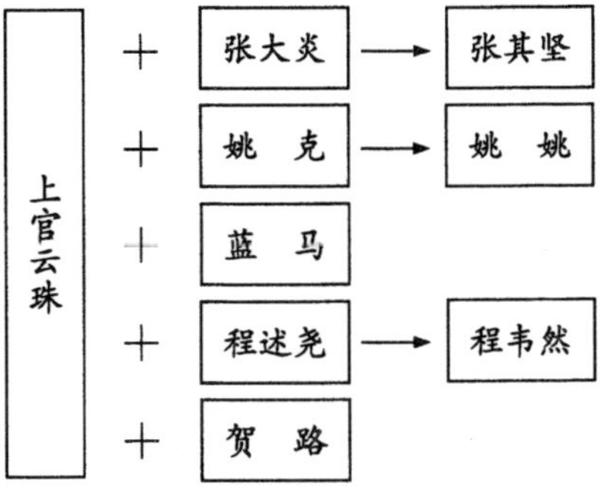

上官云珠婚史及族谱图

黄宗江：多情才子，多彩人生

黄宗江（1921—2010），浙江瑞安人，中国现代剧作家、演员。

黄宗江出生于北平，毕业于燕京大学西语系。1931 年，年仅 10 岁的黄宗江便发表了寓言独幕剧《人的心》。1942 年，参演剧情电影《乱世风光》。1945 年，创作个人第一部电影剧本《大团圆》，1948 年被拍成同名电影。1957 年，与胡石言共同担任爱情电影《柳堡的故事》的编剧，该片获文化部电影文学剧本创作三等奖；同年，与沈默君共同担任军事电影《海魂》的编剧。1959 年，与胡野擒合作创作儿童小说《东海人鱼》，参演由李恩杰执导的剧情电影《矿灯》。1963 年，由其担任编剧的剧情电影《农奴》上映。“文革”期间，被打成反革命，下放到甘肃天水。1982 年，担任剧情电影《柯棣华大夫》的编剧。1986 年，与黄宗英、黄宗洛联合创作散文集《卖艺人家》。1994 年，《黄宗江剧作选：舞台集、嫁接集》出版。1999 年，出版散文集《戏痴说戏》。2000 年，与多人联合创作散文集《卖艺黄家》。2005 年，创作小说《梅兰芳与马连良》。2010 年，由其出演的电视剧《生死桥》播出。2010 年 10 月 18 日，因病逝世，享年 89 岁。

黄宗江是一个思维敏捷、性格鲜明、谈吐幽默、关注时事的人。

他才华横溢，生活积累丰富，有着深厚的文化修养。他的文风口语化，信口说，信手写，有时却又插上几句古文古话，总有一种吸引力。同时，他平易近人，但绝不是没有鉴别力、没有分寸感的老好人。

黄宗江出身书香世家，父亲黄曾铭是电机工程师，留日的“洋翰林”；他的爷爷、太爷爷也都是翰林。黄宗江兄弟姐妹七人，他排行老三，上有同父异母的两个姐姐，下有黄宗淮、黄宗英、黄宗洛、黄宗汉三个弟弟和一个妹妹。

黄宗淮（1925 — 1984），教师、演员，与人合著《李大钊传》。

黄宗英（1925 —　），中国现当代女演员、作家。

黄宗洛（1926 — 2012），北京人民艺术剧院著名喜剧演员。

黄宗汉（1931 — 2014），曾担任中国电视剧制作中心顾问，兼中国国际电视总公司总经理。68 岁时成为中国年龄最大的博士研究生，以 73 岁高龄从中国人民大学获得历史学博士学位。

黄宗江一生有五段感情，两次婚姻。

第一段感情，1938 年，17 岁的黄宗江暗恋女校的一个女生，后两人都考入了燕京大学，一起排演话剧《雷雨》。不料，该女生却移情别恋，黄宗江赌气服药，自杀未遂。

第二段感情，1940 年，19 岁的黄宗江爱上了一个在他眼中模样酷似英格丽·褒曼的女同学，那女孩却因失恋要为别人自杀，有着自杀“经验”的黄宗江原本要陪她自杀的，但最终选择了出走，中断了在燕京大学的学业。

第三段感情，1943 年，黄宗江因情脱离演艺界，加入了国民党海军。在美国迈阿密受训时，认识了一位穿军装的女教员温妮。后来，他们开始了恋爱，直到温妮原先的男友回心转意与她和好，这才分手。回国前，黄宗江与温妮长吻作别。

第四段感情，1946 年，黄宗江与在电影《大团圆》中饰演“小妹”的朱嘉琛结婚，后很快离婚。

第五段感情，1956 年，时任连排级干部的黄宗江爱上了时任南京军区前线话剧团团长的阮若珊。1957 年，与阮若珊结婚。婚后，阮若珊生下了三个女儿阮丹妮、阮丹娣、阮丹青。

阮若珊（1921—2001），河北怀安人，中国现代演员、教授。

阮若珊幼年在家乡小学读书。1933 年，随父母迁居北平。1934 年，北平师范大学第二附小毕业，保送至该校女附中读书。1935 年冬，参加了北平“一二·九”学生救亡运动。1936 年 2 月，在中共地下党领导下积极参加抗日活动。1938 年夏，加入八路军 129 师。1939 年 10 月，加入中国共产党。此后，一直在部队文工团从事演剧活动。阮若珊是民歌《沂蒙山小调》的词作者，由此成名。

新中国成立后，任南京军区前线话剧团团长。1955 年，授中校军衔，获二级独立自由勋章和二级解放勋章。1958 年转业，任中央戏剧学院教授、副院长、党委副书记。

2001 年因病逝世，享年 80 岁。

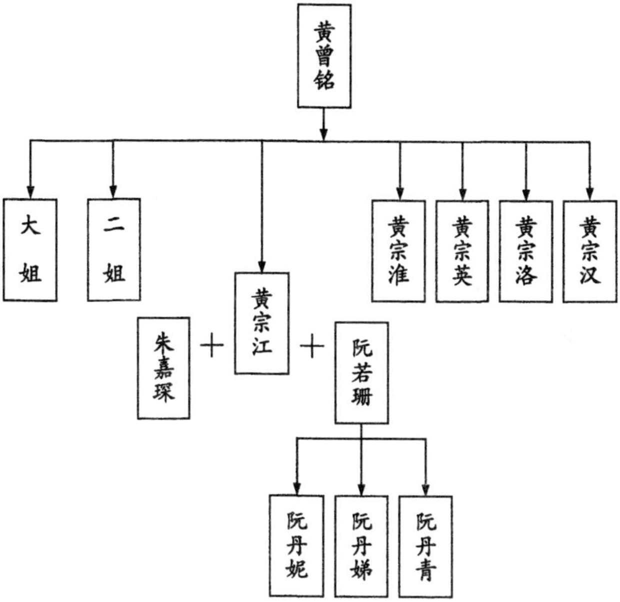

黄宗江婚史及族谱图

周璇：人性之恶的牺牲品

周璇（1920 — 1957），江苏常州人，中国现代著名演员、歌手。

周璇原名苏璞，出身普通，幼年身世凄惨。1931 年，加入明月歌舞团，因演唱歌曲《民族之光》而受到关注。1932 年，发行个人首张唱片《特别快车》。1934 年，凭借歌曲《五月的花》成名。1935 年，进入电影圈，拍摄了个人首部电影《风云儿女》，出演电影《美人恩》。1936 年，进入艺华影业公司，出演电影《花烛之夜》《喜临门》《百宝图》，主演电影《化身姑娘》。1937 年，主演电影《满园春色》《三星伴月》；主演电影《马路天使》，该片成为其表演生涯的代表作，而她演唱的该片插曲《天涯歌女》《四季歌》更是风靡海内外华人圈。

抗战爆发后，周璇随作曲家严华（1912—1992）赴香港、菲律宾等地巡回演出，参演话剧《保卫卢沟桥》，宣传抗日救亡。1938 年，加入上海“爵士合唱团”，签约上海国华影业公司。1939 年，主演“国华”第一部古装戏《孟姜女》并演唱插曲《百花歌》，主演古装歌唱片《李三娘》并演唱插曲《梦断关山》《春风秋雨》，主演电影《新地狱》，主演电影《七重天》并演唱《难民哥》《送君》等插曲，推出唱片《孟姜女》。1940 年，主演电影《董小宛》并演唱插曲《董小宛》《缥缈歌》，主演电影《三笑》并演唱《三笑》《点秋香》等 4 首插曲，主演电影《孟丽君》，主演电影《苏三艳史》并演唱《灯花开》《长相思》等 4 首插曲，主演电影《西厢记》并演唱《月圆花好》等插曲，主演电影《天涯歌女》，发行唱片《三笑》。1941 年，主演电影《梅妃》并演唱同名插曲，主演电影《夜深沉》，主演电影《解语花》并演唱《解语花》《乡村四月闲人少》等 4 首插曲，主演电影《恼人春色》并演唱插曲《钟山春》，被《上海日报》评为“电影皇后”，但婉拒领奖。1942 年，出演电影《梦断关山》，中断与“国华”的合约，暂时退出演艺圈。1943 年，应导演卜万苍一再邀请，重返银幕，主演了电影《渔家女》并演唱插曲《渔家女》。1944 年，主演电影《鸾凤和鸣》并演唱《红歌女》《讨厌的早晨》等 7 首插曲，主演电影《红楼梦》并演唱插曲《葬花词》《悲秋》。1945 年，主演电影《凤凰于飞》并演唱《笑的赞美》《慈母心》等 11 首插曲；举办了三场独唱音乐会，演唱了被誉为“银海三部曲”的《渔家女》《鸾凤和鸣》《凤凰于飞》。

1946 年冬，应香港大中华影业公司之邀，飞抵香港。1947 年，主演电影《长相思》并演唱《花样的年华》《夜上海》等插曲，其中，《夜上海》成为周璇最具号召力的演唱代表作；出演电影《各有千秋》；主演电影《忆江南》，一人分饰二角；主演电影《花外流莺》并演唱《高岗上》《晚安曲》等插曲。1948 年，主演电影《歌女之歌》并演唱《爱神的箭》《知音何处觅》等 5 首插曲；主演电影《清宫秘史》。1949 年，主演电影《彩虹曲》。

1950 年，周璇从香港返回上海。1951 年，应大光明影业公司之邀，主演电影《和平鸽》，影片拍摄期间突发精神病，被送入上海虹桥疗养院。

1957 年 7 月，周璇因急性脑部感染而入院治疗，9 月 22 日去世，年仅 37 岁。

周璇是中国最早的两栖明星，在近20年的演艺生涯中，拍摄了43部影片，演唱了200多首歌曲，成为中国现代演艺史上一颗耀眼的明星。周璇主演的《天涯歌女》《夜上海》《马路天使》等电影享誉海内外，她为其演唱的插曲比电影本身更出名，流传更广，蜚声华人世界。中国早期电影史上，创造这种互文异象的影人，只有周璇一人。①

在表演上，周璇属于典型的感觉派演员，她不是靠文化底蕴和表演功力取胜，而是靠感觉和经验来演戏，她的表演都是自然流露，塑造的角色真挚动人，感人至深。周璇最适宜扮演下层社会天真未泯的小姑娘，《马路天使》中她俏皮的笑容、受委屈发脾气时的伤心模样，给观众留下了极为深刻的印象。在古装片中，她披上了古典的华服，更显露出她的东方传统美。周璇在一系列电影里的表情与笑容，成为罕见的自然主义表演范本，在中国电影界独树一帜。

在演唱上，周璇音色细嫩，音质甜美，是中国现代声乐史上充分利用话筒潜能的先行者。周璇运用传统的民族声乐发声方法，嘴唇尽量贴近话筒，创造出一种性感诱人、自然真切的演唱风格。以往歌手都是扯开嗓子大声唱，而周璇却巧妙地利用话筒轻轻地哼唱低吟，字正腔圆，柔和缠绵，销魂蚀骨，这非常吻合夜总会、夜上海等演出场合，也十分传神地外化了20世纪三四十年代备受欺辱、落后衰弱、有气无力、无精打采的国人那压抑无奈的心理。

周璇已经成为中华民族文化遗产中一个独特的符号，已经成为

---

① 互文，英文为interactivity，指的是不同艺术之间的互相启发，彼此成就。这种重重累积起来的传播效果，非常强大，导致很多经典题材被不断重拍。可参本书作者杨新磊的论文《效果循环与视阈融合：六个版本“天涯歌女”的接受史发微》，河北省社会科学院主办《社会科学论坛》2010年第23期，中国艺术研究院、南京大学主办的《影视文化》2011年第5期。

联系全球华人的一个有力纽带。

周璇性情温和，性格内向，行动举止、待人接物都比较稳重。她很单纯，很天真，很朴素，是一个本分人，做事认认真真，老老实实，毫不做作。在那动荡的年代，她能洁身自爱，出污泥而不染，非常少见，实属不易。

周璇的一生，经历了太多的情感波折与精神磨难。在银幕上她可以游刃有余地塑造角色，在舞台上她可以光芒四射地放歌，在生活中她却很容易轻信别人。与诸多天才艺人一样，周璇敏感而多疑。这些复杂的性格特质，交织融汇于周璇一身，最终导致她身心崩溃，酿成了她的人生悲剧。

1936年秋，周璇和作曲家严华正式订婚。1938年7月10日，二人结婚。但是，这段婚姻只维持了三年，因绯闻不断互疑对方有外遇，几番吵闹后，周璇离家出走。1941年，周璇与严华离婚。

周璇第二段公开的恋情，是与绸布商人朱怀德同居。有一种说法是朱怀德以甜言蜜语欺骗了周璇，骗取了周璇的感情和部分财产。1950年，怀有身孕的周璇回到上海，在报纸上发表声明，和朱怀德脱离同居关系，同年底，周璇的大儿子周民出生。

周璇第三位公开的恋人，是美术教师唐棣。1952年5月，周璇准备与唐棣结婚，唐棣却被上海市静安区人民法院以诈骗、强奸幼女的罪名判处有期徒刑三年。同年，周璇的二儿子周伟出生。

周璇最遗憾的一段感情，是与演员、导演石挥失之交臂。二人因电影《夜店》而结缘，为了躲避世人的误解，无奈分开。

周璇的一生，始终没遇见过一个适合她的理想丈夫，这是她的不幸，更是她的悲剧。因为，她有名，有钱，人更美丽，在男权社会备受围猎。婚姻是自私的，排他的，比婚姻更自私的是人性，人性本恶。爱美之心，人皆有之，蹂躏大家共同喜爱的美，把公认的美毁灭，或许是某些权贵在炫耀，实质是人性之恶在作祟。

严华（1912—1992），江苏南京人，中国现代作曲家、演员。

严华活跃于20世纪三四十年代的上海，主要作品有《孟姜女》《李三娘》《三笑》《董小宛》《西厢记》《七重天》等影片的配乐和插曲。

严华父母早逝，与妹妹严斐同为著名的“明月歌舞团”演员。因与周璇对唱《桃花江》一曲，轰动一时，被誉为“桃花王子”。

严华与周璇于1938年结婚，三年后离婚。此后，他告别歌坛，弃艺从商，担任过中国唱针厂经理，后与潘凤鹏结婚。

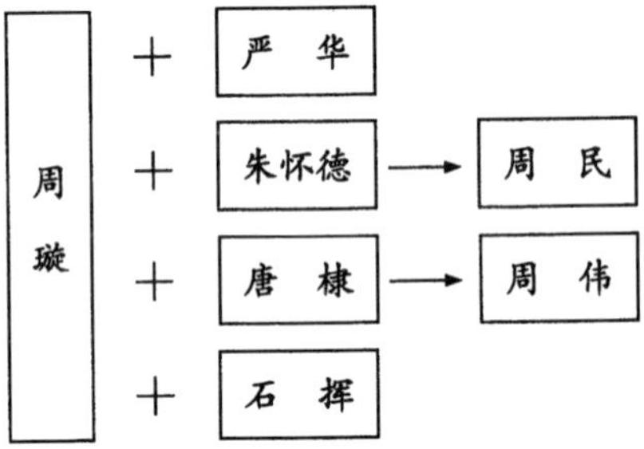

周璇婚史及族谱图

王丹凤：“小周旋”一次婚

王丹凤（1924—2018），女，浙江宁波人，中国现代演员。

王丹凤出生于上海。1941 年，经电影导演朱石麟发掘，出演影片《肉》，不久又出演电影《新渔光曲》。1942 年后，在“中联”“华影”主演《三朵花》《丹凤朝阳》《教师万岁》等影片。1946 年，出演电影《民族的火花》。1948 年，赴香港，在“长城”“南国”等影片公司主演了《终身大事》《青青河边草》《月黑风高》《乱点鸳鸯》《鸾凤怨》《断肠天涯》《无语问苍天》《珠光宝气》《夜来风雨声》等十余部电影。1950 年，前往广州演出，慰问解放军。1955 年，出演话剧《雷雨》《家》。1957 年，出演电影《护士日记》并演唱了插曲《小燕子》。1962 年，主演喜剧片《女理发师》，同年当选文化部组织评选的受观众喜爱的“新中国人民演员”。1963 年，主演古装片《桃花扇》。“文革”中受到迫害。1978 年，参演电影《失去记忆的人》，主演喜剧片《儿子、孙子和种子》。1980 年，主演电影《玉色蝴蝶》。1981 年以后，息影，在香港创办了餐馆。

王丹凤生得明亮，洋气，是标准美人的典范。她塑造的角色具有东方古典美的天然韵致，令观众过目难忘。但是，若论才华，王丹凤与周璇差得很远，特别是在歌唱方面，“小周璇”大多只是浪得虚名。

1951年元旦，王丹凤与柳和清在相爱长达七年后，喜结秦晋之好。婚后，她生了四个女儿，其中一个因早产而夭折。成年后，王丹凤的三个女儿都未从事演艺。或许，是看透了演艺圈，更看透了男人，不想让子女重蹈自己的覆辙。王丹凤一生仅一婚，女明星中的这种专一的确少见。

柳和清，浙江鄞县（今宁波市鄞州区）人，生卒年不详，出身于电影世家。

柳和清的父亲柳中亮（1906—1963）与叔父柳中浩（1910—1990）于20世纪40年代创办上海国泰影业公司，还创立了金城大戏院。柳和清大学毕业后在父亲公司打理业务，后来自立门户，创立大同影业公司。1949年后，该公司并入上海电影制片厂，柳和清担任上影厂宣传科长，专职摄影。

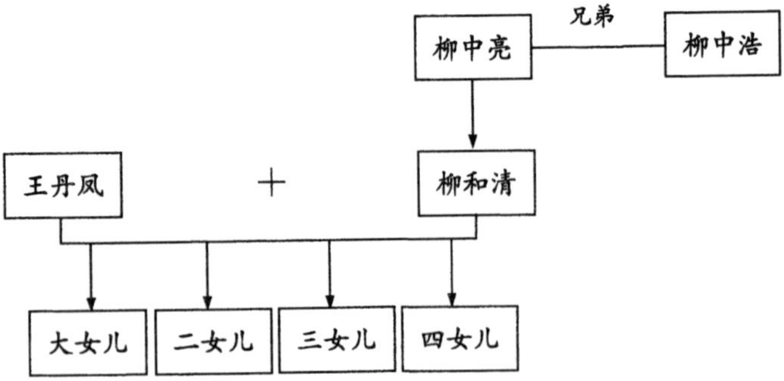

王丹凤婚史及族谱图

陈燕燕：超脱明达，独善半生

陈燕燕（1916—1999），女，浙江宁波人，中国现代演员。

陈燕燕是满族正黄旗之后，幼年随父母迁居北平，就读于北平圣心女子学校。1930 年，入联华影业公司，在暗房当练习生。1932 年，因主演无声片《南国之春》而知名，后主演《三个摩登女性》《母性之光》《大路》等无声片。1936 年至 1937 年，先后主演有声片《孤城烈女》《联华交响曲》《慈母曲》《新旧时代》等，红遍全国。1938 年，相继在“新华”“华新”“华威”等影片公司主演《乞丐千金》《琵琶记》《杜十娘》等，被誉为电影界“四大名旦”之一，有“悲剧皇后”“南国乳燕”之称。1942 年后，在“中联”和“华影”主演《蝴蝶夫人》《芳华虚度》《情潮》等片。1947 年至 1948 年，在“文华”“国泰”“中电”等影业公司主演《不了情》《天魔劫》等。1949 年移居香港，戏风大变，转为稳重成熟的演技派，并凭《锦绣年华》《音容劫》荣获第四届、第八届亚洲影展最佳女配角奖。1952 年，与王豪创办海燕影片公司，主演《恋歌》《两地相思》等影片，后在港台拍摄《苦儿流浪记》《铁蹄下》等多部影片。1963 年，加入邵氏影业，拍摄《为谁辛苦为谁忙》《蓝与黑》等影片。1981 年，在台湾某电视台拍摄《大汉天威》等电视剧。1993 年，获第三十届台湾金马奖纪念奖。

陈燕燕在银幕上光彩四射，但银幕下的她，婚姻生活却笼罩着伤感之情。进入“联华”不久，陈燕燕和摄影师黄绍芬相恋，由于她年纪尚小，又一心忙于事业，两人一直拖延到抗战爆发才成就美好姻缘，婚后生有一个女儿。可是，不久，小家庭便出现危机，经过一段时间分居，两人协议离婚。

黄绍芬（1911—1997），男，广东中山人，中国现代电影摄影师，一生拍摄了近百部影片，包括《故都春梦》《三个摩登女性》《母性之光》《夜店》《假凤虚凰》《女篮五号》《林则徐》《聂耳》《枯木逢春》《霓虹灯下的哨兵》《野草闲花》，及中国第一部彩色戏曲片《梁山伯与祝英台》等，大都是中国电影史上的名作。

抗战胜利后，陈燕燕到北平拍摄电影《神出鬼没》，和该片男主演王豪恋爱并同居。1949 年，夫妻双双南下香港，成为南国影坛的佳侣。可是，这一次的婚姻仍然没有长久，王豪的不忠导致两人分手。

此后，陈燕燕独身三十余载，晚年一直和女儿生活在一起。

王豪（1917—1991），天津人，中国现代电影演员、导演。

1935 年到上海，考入艺华影业公司，曾在《花烛之夜》《新婚大血案》中饰配角。“七七事变”后，随影人剧团到重庆，入中国电影制片厂，参加“万岁剧团”的演出。1939 年，到香港，与邬丽珠联合主演《万众一心》，后又主演《日本间谍》《气壮山河》《警魂歌》等抗战影片。1946 年，与龚秋霞主演《芦花翻白燕子飞》，从此出名，仅在 1947 年就出演《某夫人》《76 号女间谍》《朱门怨》

《三女性》《血染孤城》《女大当家》《南岛相思曲》等 9 部电影。1948 年至 1951 年，王豪穿梭于香港与内地之间，主演了《秋瑾》《铁血男儿》《歌女之歌》《碧血千秋》《神出鬼没》《乱世的女性》《12 小时的奇遇》等十多部影片。1952 年，自组海燕电影公司，导演《亡魂爷》《巫山梦回》《小楼春晓》《太平洋之鲨》《喋血贩马场》等影片。20 世纪 70 年代，参演了巨型抗战史诗片《觅桥英烈传》，获多种奖项。1975 年后，弃影从商。

陈燕燕是一个聪明女人，两次失败的婚姻使她彻底看清了男人，看清了人性，遂独身终老，这是一种无奈与寂寞，更是一种超脱与豁达。

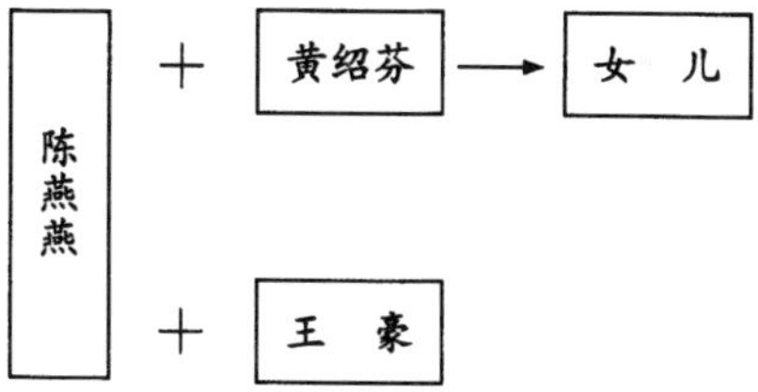

陈燕燕婚史图

王人美：乱世两段情

王人美（1914—1987），女，湖南浏阳人，中国现代演员、歌手。

1926年，王人美考入湖南省立第一女子师范学校。1927年，到上海，进入黎锦晖创办的中华歌舞团学习歌舞。1929年，该团解散，进入南洋招商附属英文专科学校学习一年。1930年，参演个人首部电影《空谷猿声》。1931年，加入联华影业公司，出演爱情电影《银汉双星》。1932年，参演电影《共赴国难》，主演歌舞电影《芭蕉叶上诗》，主演电影《野玫瑰》。1933年，主演电影《都会的早晨》《春潮》。1934年，主演电影《渔光曲》并演唱该片的同名主题曲，大获成功；同年，演唱话剧《回春之曲》的插曲《梅娘曲》。1935年，主演电影《小天使》，主演抗战电影《风云儿女》并演唱该片插曲《铁蹄下的歌女》。1936年，主演电影《壮志凌云》《长恨歌》。1937年，参演话剧《保卫卢沟桥》。1938年，主演武侠电影《黄海大盗》。1940年，参演电影《长空万里》。1948年，主演抗日电影《关不住的春光》。1950年，出演电影《王氏四侠》。1951年，参演的电影《控诉》上映。

1952年，王人美被诬蔑曾与国民党军统首脑戴笠有来往，受到极大刺激，患精神分裂症，被送入“疯人院”，经家人接回北京。

病情康复后，调入北京电影制片厂工作。

1955 年，出演电影《猛河的黎明》。1956 年，参加文化部青岛哲学学习班。1957 年，主演电影《青春的脚步》；同年，在“反右”运动中受到刺激，旧病复发，被送入精神病医院治疗。

1959 年，由其出演的革命电影《青春之歌》上映。1962 年，主演儿童电影《花儿朵朵》。“文革”中，遭到批斗，被下放劳动。1979 年，获得平反，加入中国共产党。1980 年，王人美中风，瘫痪在床。1986 年，成为植物人。1987 年 4 月 12 日，王人美在北京病逝，终年 73 岁。

2005 年，在中国电影表演艺术学会为庆祝中国电影诞生 100 周年的表彰活动上，王人美入选“中国电影百年百位优秀演员”名单。

2011 年，遗作自传《我的成名与不幸》出版。①

王人美的父亲王正权，是湖南省立第一师范学校的数学教员。王人美的母亲生了十个孩子，她上有五个哥哥、四个姐姐，但其中三个姐姐都夭折了，仅有二姐王明霞存活。

王人美的大哥王人旋（1898—1964），早年留学德国，结识了周恩来和朱德，加入了中国共产党，后赴苏联学习。1945 年，任国民党国防部军需储备司少将司长。中华人民共和国成立后，王人旋历任工业出版社副总编辑，第二、三届全国政协委员。

王人美的二哥王人路是演员，曾出演电影《松花江上》。

王人美的三哥王人艺（1912—1985）是著名音乐家，小提琴演奏家。

---

① 该书系“现代文化名人自传丛书”之一，凤凰出版传媒集团、江苏文艺出版社，2011 年版。

还在“明月歌舞团”的时候，王人美和金焰已经相识。1934年元旦，二十刚出头的王人美幸福地嫁给了金焰。20世纪30年代，是两人事业的黄金时代，各自在影史上留下浓墨重彩，并且合作演出抗战影片《壮志凌云》。抗战爆发后，日本人胁迫金焰拍摄侵华电影，夫妻俩逃离上海，之后辗转后方各地。经过多年流亡，盼来抗战胜利，但爱情却无可挽回，1945年夏，他们离婚了。

后来，金焰和比他小12岁的秦怡走到一起，而王人美孤单一人过了十年。画家叶浅予很早就和王人美相识，离婚后已独居五年，朋友们有意撮合他们。1955年，两人在朋友们的鼓励和祝福中，再组家庭。

王人美在自传《我的成名与不幸》中这样描述叶浅予：“除了懂画，别的什么都不懂，家中里里外外的事全要我操心，叶浅予是个过于沉浸在事业里的人，当这种人的妻子真不容易。”

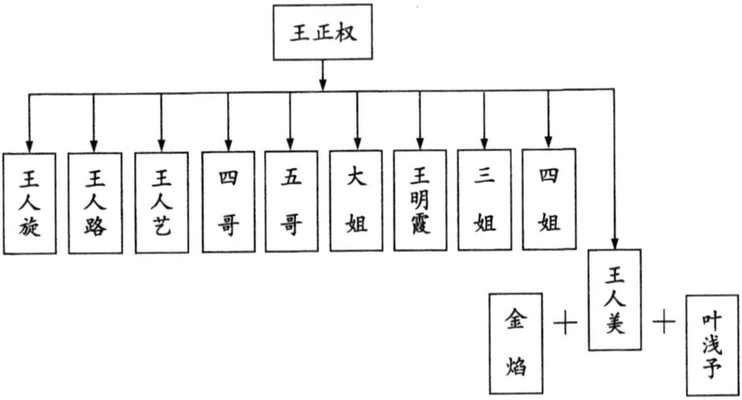

王人美族谱及婚史图

秦怡：柔韧坚毅，母懿大爱

秦怡（1922— ），女，上海人，中国现代著名演员。

1938 年，秦怡从上海中华职业学校肄业，前往武汉参加抗日宣传活动，同年进入中国电影制片厂当实习演员。1939 年，参演个人首部电影《好丈夫》。1941 年，出演了《草木皆兵》《戏剧春秋》等话剧。1943 年，由其出演的电影《日本间谍》上映。1946 年，主演电影《忠义之家》。1947 年，主演电影《无名氏》。1948 年，主演电影《遥远的爱》。

1949 年，主演电影《失去的爱情》《母亲》。1950 年，主演电影《农家乐》。1951 年，主演电影《两家春》。1956 年，主演电影《铁道游击队》《马兰花开》《哥哥和妹妹》，备受好评。1957 年，主演的体育电影《女篮 5 号》上映。1958 年，主演电影《红色的种子》。1959 年，出演电影《青春之歌》《林则徐》，大获成功。1961 年，主演电影《摩雅傣》。1963 年，主演电影《北国江南》。1979 年，主演电影《海外赤子》《苦恼人的笑》。

20 世纪 80 年代初，秦怡任上影演员剧团团长。1982 年，主演话剧《上海屋檐下》。1983 年，出演传记电影《张衡》。1984 年，主演电影《青山夕照》。1985 年，出演电视剧《我是一片云》。

1987 年，主演电影《闺阁情怨》。

1993 年，主演电影《梦非梦》。1995 年，获得中国电影世纪奖最佳女演员奖。

2002 年，出演情景喜剧《活个精神头儿》。2006 年，出演的电影《东江特遣队》上映。2008 年，出演古装剧《母仪天下》，主演电影《我坚强的小船》，获得第 11 届上海国际电影节华语电影终身成就奖。2009 年 2 月，获得“五一”劳动奖章、第 27 届中国电影金鸡奖终身成就奖。2010 年 6 月，被评为“十大感动母亲”，主演电影《情醉富春江》。2012 年，参演的现代医疗剧《心术》播出。2015 年，担任抗战电影《铁道游击队》的艺术顾问，由其出品、编剧、主演的电影《青海湖畔》在上海国际电影节首映，参演的电影《王朝的女人·杨贵妃》上映，获得第 11 届中美电影节终身成就奖。2017 年，参演电影《妖猫传》。2018 年，参演的电影《那些女人》上映。

2019 年 9 月，中国人民共和国成立 70 周年之际，被国家授予“人民艺术家”称号。

秦怡有一个姐姐叫秦方。从秦怡 16 岁从影开始，秦怡的一切生活琐事都由姐姐秦方照料和打理，秦方无暇处理自己的婚姻大事，一生未婚。秦怡还有一个妹妹叫秦文，也是电影演员。

秦文（1928—2008），女，上海人，中国现当代电影演员，演出过《为了和平》《母亲》《上海姑娘》《飞越天险》《悬崖》《青春之歌》《春暖花开》《停战以后》《千万不要忘记》《天骄》等电影。

秦文的丈夫邓蜀生是我国新闻界、出版界的元老，还是一名史学家。

1938 年，话剧演员陈天国对秦怡展开追求。1939 年，秦怡在陈天国以死相逼下，被迫与其完婚。婚后，陈天国嗜酒如命，对秦怡施以家暴。1944 年 8 月，秦怡生下一女，产后一病不起。因经济极为拮据，陈天国准备将孩子送人，秦怡无法忍受，两人离婚。

陈天国（1912—1967），祖籍安徽，生于辽宁沈阳，中国现代演员。

陈天国早年就读于沈阳冯庸大学，“九一八”事变后流亡北平、上海。1935 年，入天一影片公司，出演电影《海葬》。1936 年，入新华影片公司，出演《小孤女》《青年进行曲》《黄海大盗》《貂蝉》等影片。1939 年，在重庆的中国电影制片厂出演《好丈夫》《塞上风云》《血溅樱花》等影片，还演出过《雾重庆》《天国春秋》《大地回春》等话剧。1946 年后，在上海出演过《莺飞人间》《第五号情报员》《六二六间谍网》《血溅姊妹花》《珠光宝气》《女贼》等影片。1949 年，任上海电影制片厂演员。1957 年，被错划为“右派”。“文革”中，遭到迫害，1967 年 12 月的一天在杭州灵隐寺自杀身亡。

1947 年冬，秦怡前往香港，参演电影《海茫茫》，结识了电影演员金焰并确定恋爱关系。后来，两人结婚。1948 年，生下儿子金捷，随后生下女儿金斐姮。

1962 年，金焰由于大量酗酒引起胃出血，病倒在床，秦怡照顾金焰二十余年，直到金焰 1983 年去世。

1965 年，正在上初三的金捷突然发病，医生诊断为急性轻度精神分裂症，且潜伏期已经很长，无法治愈了。此后的 40 余年里，儿子的吃喝拉撒都由秦怡照料，直到 2007 年 59 岁的金捷去世。

20 世纪 60 年代中期，秦怡被查出患有直肠癌，后来做了手术，但却留下了腹泻的后遗症。2008 年，秦怡因肠道疾病做了大手术。

秦怡，遭遇了太多的磨难，承受了太重的负担，但始终柔韧坚毅，母懿大爱。

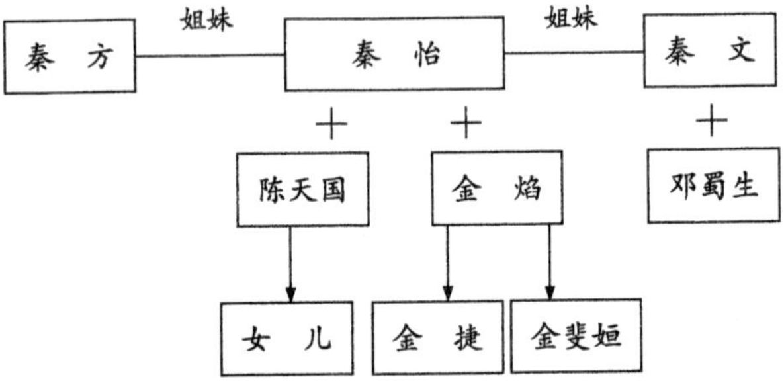

秦怡婚史及族谱图

徐来：“标准美人”两度婚

徐来（1909 — 1973），女，上海人，中国现代演员、歌手。

徐来出身小康，但家道中落，一度潦倒做女工。1927 年，考入黎锦晖主办的中华歌舞专修学校，毕业后加入明月歌舞团，并与黎锦晖结婚。1928 年，赴泰国、新加坡、爪哇等地巡回演出，后又在国内巡演。1931 年 9 月，明月公司更名为联华歌舞班，隶属联华影业公司，徐来拍摄了一些歌舞短片，声名鹊起。

徐来长得很标致，心地善良，性格温存，歌声低哑，舞姿优美，有“东方标准美人”的绰号。明星公司股东周剑云看中了她，1933 年聘请她加入明星公司。1933 年，徐来主演了个人首部电影《残春》，一举成名。1933 年，主演电影《泰山鸿毛》。1934 年，主演抗日影片《华山艳史》，又主演《到西北去》《路柳墙花》《女儿经》《落花时节》等进步影片。

1935 年，阮玲玉自杀，这对徐来刺激很大，在主演了电影《船家女》后，徐来息影。

此后，经青帮头目杜月笙介绍，结识唐生明，与黎锦晖离婚，与唐结婚，婚后一直住在上海。1949 年，徐来全家迁居香港，唐生明去长沙参加通电起义。1950 年秋，唐生明出任解放军第 21 兵团副司令员，参与指挥南下解放两广的战役。1956 年，唐生明去北京任国务院参事，徐来也随之定居北京。

“文革”期间，徐来和丈夫一同被捕，在狱中被折磨致死，1973 年辞世，终年 64 岁。

黎锦晖（1891—1967），湖南湘潭人，中国现代作曲家，流行音乐的奠基人。

1912 年，黎锦晖从长江高等师范毕业，在北京、长沙任音乐教员，尝试用传统曲调配上文言歌词。1916 年，参加北京大学音乐团，任《平民周报》主编。1920—1927 年，在上海主编《小朋友》周刊，创办中华歌舞专科学校。1928 年，组织“中华歌舞剧团”，赴南洋演出。抗战期间，赴重庆。1940 年，任中国电影制片厂作曲。1949 年后，长期在上海电影制片厂工作。代表作有《毛毛雨》《桃花江》《特别快车》《妹妹我爱你》《向前进攻》《麻雀与小孩》《葡萄仙子》《小小画家》《神仙妹妹》《可怜的秋香》《吹泡泡》等。

作为歌手，徐来很成功。作为演员，徐来也很成功。她能急流勇退，告别演艺圈，不失为一种明智选择。但是徐来缺乏政治敏感，选择的第二任丈夫是典型的政客，不幸断送了自己的性命。看来，过于依赖男人的女人，结局往往都不太好。

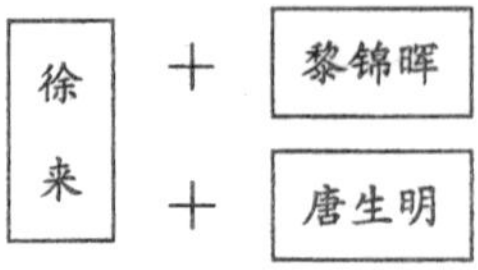

徐来婚史图

两大“坏蛋”，婚姻不一

在中国早期电影史上，有两个专演反面角色的演员，给观众留下了极为深刻的印象，他们就是王献斋和洪警玲。

王献斋（1900—1942），原籍山东，生于海参崴一个旅俄华侨家庭，中国现代电影演员。

王献斋的童年在哈尔滨度过，后随家迁居上海。从沪江大学医科毕业后，开设眼科诊所。1922年，一次偶然的机会，为导演张石川所赏识，在其力劝下弃医从影，入明星影片公司当演员。在“明星”出品的第一部影片《滑稽大王游沪记》中扮演配角，后主演影片《张欣生》。进入影坛后，很快显露表演才华，成功塑造了《孤儿救祖记》一片中的反派角色，蜚声影坛。此后，相继在《玉梨魂》《最后之良心》《歌女红牡丹》《狂流》等影片中扮演重要角色，成为中国早期颇负盛名的反派演员，“第一个坏蛋”的绰号响彻整个影坛。抗战爆发后，赴四川演出话剧。1939年回沪，在“华新”“华成”等影片公司出演《一夜皇后》《白蛇传》《葛嫩娘》等影片，又主演了影片《关云长忠义千秋》。1941年，出演影片《魂归离恨天》，不久病逝。

王献斋一生演出过80多部电影，所塑造的恶人形象，被评为“无赖标本”“人类罪恶的象征”。

王献斋在银幕上可谓坏事做尽，坏话说绝，但在实际生活中，却是一位风度儒雅的谦谦君子，人品颇受称道。

王献斋有两段婚姻。发妻在生下女儿王薇后不久就去世了，王献斋一直独守鳏夫生活。抗战爆发，他参加“影人剧团”，辗转内地救亡演出，一度病倒重庆。就在最困难的时候，有一位女士无微不至地陪伴、照料他，她是演员袁竹如，以前在明星公司拍戏时叫袁莉莉。[①]两人情愫渐生，影人剧团解散后，王献斋带着这位新夫人回到上海。

王薇，受其父影响，也成长为一名演员。

洪警铃（1894—1963），江苏吴县人，中国现代演员。

洪警铃原名洪志通，又名洪醒。辛亥革命后，参加郑正秋的新民新剧社，演出文明戏。1916年，参演幻仙公司的《黑籍冤魂》《红粉骷髅》，从此踏上银幕。1919—1926年，在商务印书馆活动影戏部出演了《松柏缘》《荒山得金》《清虚梦》《大义灭亲》《莲花落》《爱国伞》《好兄弟》《醉乡遗恨》等影片。1926年后，为国光影戏公司出演了《上海花》《母之心》《马浪荡》《歌场奇缘》等影片。“国光”解散后，转入长城画片公司，出演了《武松血溅鸳鸯楼》《火焰山》《儿子英雄》《真假孙行者》《蜘蛛党》等影片。1929年，与人合作成立了昌明影片公司，主演开业影片《秘密宝窟》，接着又主演了《两大天王》，但这两部影片并不卖座。见当时武侠片大受欢迎，“昌明”投拍并由洪警铃主演了《火烧平阳城》，果然大受欢迎。1932年，

① 袁竹如，女，生卒年不详，中国现代演员，活跃于20世纪40年代，代表作有《女鬼》《珍珠塔》《生路》等。

“一·二八”日寇侵沪，“昌明”续拍6集《火烧平阳城》，但因内忧外患而未竟，歇业关门。1933年，进入联华公司，参演《人生》《大路》《联华交响曲》等片。1937年后，为“新华”“华新”“中联”“华影”等多个公司的《飞来福》《雷雨》等片出演多个角色。1945年，息影，从事社会慈善事业。1949年后，在上海电影制片厂继续银幕生涯，参演《51号兵站》《今天我休息》《秋翁遇仙记》《牧童投军》《铁窗烈火》等片。

洪警铃一生演出影片近200部，勤奋而高产，擅长塑造各种各样的恶人、坏人、小人。他表情丰富，面部的一举一动都能表达角色的性格与内心世界，其刻画的反面角色令观众恨之入骨，印象深刻。

洪警铃一生一婚。

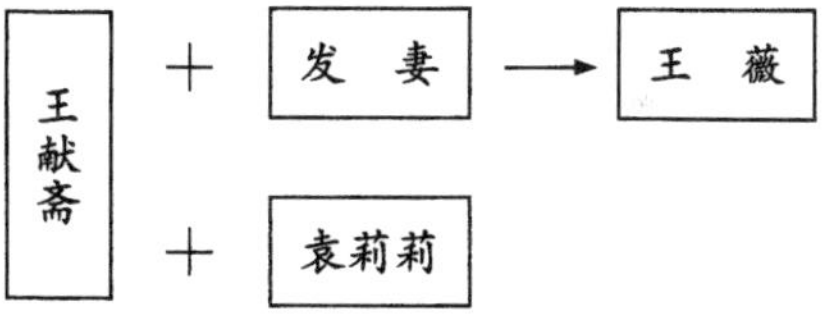

王献斋婚史图

胡蝶：名艳人素

胡蝶（1908—1989），女，广东鹤山人，中国现代著名演员。

胡蝶出生于上海，幼年随父母迁居天津、北京、广州等地，学会了北京话、广东话、上海话。8 岁时，进入天津圣功女学就读。16 岁时，全家返回上海，考入中国第一所电影演员训练学校——中华电影学校。

1925 年，胡蝶应邀参演电影《战功》，开始了演员生涯；同年，主演电影《秋扇怨》。1926 年，出演《梁祝痛史》《珍珠塔》等电影。1928 年，主演电影《白云塔》。随后，主演了多集武侠片《火烧红莲寺》，因此成名。1930 年，胡蝶主演中国第一部有声电影《歌女红牡丹》，上映后大获成功。1932 年，出演中国第一部彩色片《啼笑因缘》。1933 年，出演左翼电影《狂流》《自由之花》《姊妹花》；同年，被上海《明星日报》评为“电影皇后”。1935 年，赴苏联参加莫斯科电影节。

1937 年，卢沟桥事变爆发，胡蝶全家避难香港。1940 年，胡蝶主演的古装爱情片《绝代佳人》上映。1941 年，主演的爱情片《孔雀东南飞》上映。同年冬天，日军占领香港，力邀胡蝶出演宣扬所谓“中日亲善”的影片，胡蝶拒绝，假装怀孕，连夜逃回内地。几经辗转，来到重庆，在“中电”主演《三个女性》等片，还登台义演，宣传抗日。1947年，参演的爱情片《春之梦》上映，主演的古装片《锦绣天堂》上映，又主演了犯罪片《某夫人》。随后，她决定告别影坛，专心辅佐丈夫潘有声的生意。

1959年，胡蝶又回到阔别十年之久的电影界，主演了《苦儿流浪记》《两代女性》《街童》《后门》等影片，获第七届亚洲电影节最佳女主角奖。

1966年，58岁的胡蝶拍完爱情片《塔里的女人》后，彻底息影。

1989年4月23日，胡蝶在加拿大去世，享年81岁。

胡蝶的父亲胡少贡曾任京奉铁路总稽查，又在广东从事盐务工作，最后移居上海。

胡蝶因电影《秋扇怨》认识演员林雪怀。1927年3月22日，胡蝶与林订婚。胡蝶在拍电影《歌女红牡丹》前后，两人恋情渐渐出现问题。1931年底，她与林雪怀彻底结束恋人关系。

1935年11月23日，经过6年的马拉松式恋爱，胡蝶与上海实业家潘有声结婚。

胡蝶的堂妹胡珊，也是中国早期演员。

胡珊（1910—？），女，广东鹤山人，中国现代演员。

胡珊的主要电影生涯在天一公司。1927年从影，在天一公司主演古装片《花木兰从军》。1929年，主演《乾隆游江南》第一、二集和《血滴子》《火烧百花台》。1932年，主演《一夜豪华》《东北二女子》。1933年，主演《孽海双鸳》《追求》《飘零》《一个女明星》。1934年，主演《似水流年》《欢喜冤家》。1930年，在复旦影片公司主演《巾帼须眉》，并主演早期有声片《血花泪影》。1935年，在小公司“吉星”主演《方芸英》《难姊难妹》。此后息影，平淡至老。

胡蝶，一个妖冶的名字，一个素静的明星。

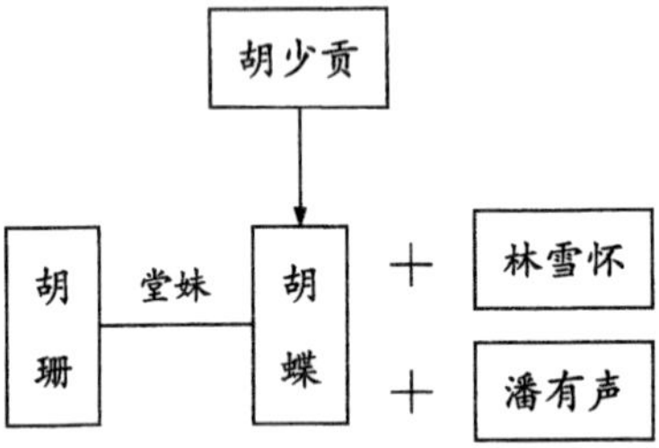

胡蝶族谱及婚史图

毛剑佩与艾霞：因情厌世俱自杀

毛剑佩（1907—1931），女，上海人，中国现代演员。

毛剑佩是上海京剧海派名家毛韵珂（艺名“七盏灯”）的女儿，毕业于上海立群女校，擅长舞蹈、戏曲。1925年，在新华影片公司主演《人面桃花》。1927年，加入明星影片公司，参演《湖边春梦》。1928年后，相继在“新人”“大华”“东亚”等公司主演影片。1931年农历新年期间，因为失恋而吞烟自杀身亡，年仅23岁。

毛剑佩是中国早期女星自杀第一人，但死得轻于鸿毛，一文不值。无论如何，轻生，都不是直面人生的正确态度，即使身处乱世，深陷困窘。

毛剑佩的妹妹毛剑秋，是中国现代京剧演员。抗日战争前，毛剑秋在上海主演《宇宙锋》，引起瞩目。1937年10月，参加由上海伶界联合会在电台主办的抗日救亡劝募活动；年底又主演了《梁红玉》《史可法殉国》等爱国剧目。1938年9月，拜梅兰芳为师，后一直活跃于京剧舞台。

艾霞（1912—1934），女，福建厦门人，中国现代演员。

艾霞自幼聪慧伶俐，尤好读书，除了阅读不少古典文学作品外，还通过进步书籍接受了民主思想的熏陶。1928年，16岁的艾霞因逃避封建包办婚姻，离家出走，到上海谋生，加入田汉等人组织的进步文艺团体南国社，从事话剧演出活动。1931 年，中国共产党为了加强各个影片公司的左翼力量，委派瞿秋白在上海电影界成立党的电影小组，艾霞被该小组推荐加入明星影片公司，主演了个人首部影片《旧仇新恨》，以清新的风格与真挚的表演崭露头角，引起关注。1933 年，相继主演了《春蚕》《时代的女儿》《战地历险记》等 7 部影片，获得好评。

1934 年 2 月 12 日，艾霞吞烟自杀身亡，年仅 22 岁。

艾霞的自杀，主要是因情厌世，也与国共两党在文艺战线的斗争不无关联。

艾霞曾经爱上有妇之夫，最后发现这个男子除了老婆，还另有两三个情妇，这令她心碎。同时，她对爱情的坦率与直白，让当时社会上许多人不能理解，无法接受。20 世纪 30 年代的上海报纸根据她的银幕形象，冠她一个“性感野猫”的名头，这让她很苦闷，也很无奈。遭遇工作、感情上的一系列挫折后，她的心性变得极不稳定，有时活泼开朗，说话妙语连珠，有时颓废消沉，甚至酗酒抽烟。

艾霞自杀一年后，剧作家孙师毅根据这位独特女性的一生编写了影片《新女性》的剧本，由上海联华影片公司于 1935 年摄制并公映，片中女主角扮演者，正是之后同样自杀身亡的女星——阮玲玉。这是巧合还是天意，是偶然还是定数，引发后世无尽深思。

阮玲玉：人痴心软命短

阮玲玉（1910—1935），女，广东香山人，中国现代著名演员。

阮玲玉出生于上海。1917 年，在上海一家张姓大户人家做女佣。1918 年，母亲把她送到张家附近的一家私塾读书。1919 年，母亲求人将她以半价的学费送进美籍传教士创办的崇德女校，阮玲玉后自动退学。

1926 年，经张慧冲（1898—1962）介绍，阮玲玉进入明星影片公司，出演了个人首部电影《挂名夫妻》；同年，主演电影《北京杨贵妃》。1927 年，主演电影《血泪碑》。1928 年，主演古装神话电影《蔡状元建造洛阳桥》，主演爱情电影《白云塔》。1929 年，主演武侠电影《火烧九龙山》《大破九龙山》，主演剧情电影《情欲宝鉴》《劫后孤鸿》。1930 年，主演喜剧短片《自杀合同》，主演爱情电影《野草闲花》，主演剧情电影《故都春梦》。1931 年，主演爱情电影《桃花泣血记》《恋爱与义务》《一剪梅》《玉堂春》。1932 年，主演剧情电影《续故都春梦》。1933 年，主演剧情电影《小玩意》《城市之夜》《三个摩登女性》，大获成功。 1934 年，主演剧情电影《神女》并引起巨大轰动，主演电影《新女性》《人生》《香雪海》。1935 年，主演剧情电影《国风》。1938 年，主演的电影《舞宫血泪》上映。

1935 年 3 月 8 日，阮玲玉吞服安眠药，自杀身亡，年仅 25 岁。

2005 年，第 14 届金鸡百花电影节评选阮玲玉为中国百年电影史上最出色的 100 位电影演员之一。

阮玲玉虽出身普通，但外表端庄大方，清丽脱俗，有着精湛的演技和严谨的表演态度。她的神态，集中于一双超凡的眼睛上，她的眼神具有某种神秘的意味，具有强烈的诱惑力，寄寓着内心的深沉与复杂。在代表作《神女》中，阮玲玉塑造的“阮嫂”极富双重人格与悲剧色彩，阮玲玉的表演入木三分，直逼人心，给观众留下了极其深刻印象，该片也成为中国电影史上的一个经典。

阮玲玉的父亲阮用荣是上海浦东亚细亚油栈的工人，在她 6 岁那年因积劳成疾去世。

1917 年，阮玲玉在上海做女佣，第一次碰到了比她大 6 岁的张达民。1925 年底，阮玲玉辍学，开始与张达民同居。1926 年，阮玲玉踏上从影之路，但张达民却无任何生存本领，于是就开始勒索崭露头角的阮玲玉。

1932 年，“一・二八”淞沪抗战爆发，阮玲玉避难香港，认识了富商唐季珊。后来，回到上海后，就离开了张达民，开始与唐季珊同居。随后，张达民便勒索阮玲玉和唐季珊，把他们一起告上法院。1933 年 4 月，阮玲玉与张达民离婚。随后，阮玲玉发现唐季珊有了新的女友梁赛珍。从那时候起，唐季珊开始打骂阮玲玉。

1934 年，在出演电影《新女性》时，阮玲玉与导演蔡楚生慢慢走近。后来，在乡下有原配夫人的蔡楚生因顾忌家庭与名誉，最终没有与阮玲玉继续下去。

唐季珊，中国现代富商，典型的奸商，十足的淫棍，玩弄、摧残过张织云、阮玲玉等多位女星，臭名昭著，罪孽深重。

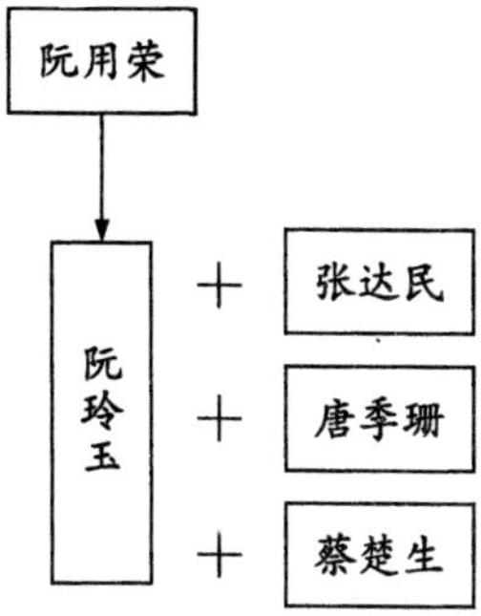

阮玲玉族谱及婚史图

李绮年——“阮玲玉第二”

李绮年（1914—1950），女，广东中山人，中国现代演员。

李绮年原名李楚卿，出身贫寒。1925 年，11 岁，首次参演粤剧《回春之曲》。1932 年，18 岁，为了见偶像阮玲玉，到上海追星，整整一年，每天专看阮玲玉的电影。1934 年，20 岁，考入香港大观声片公司，开始银幕生涯。1935 年，主演电影处女作《昨日之歌》、爱国电影《生命线》，表现不俗。1938 年，主演粤剧《貂蝉拜月》，为伤兵难民募集四千多港元，受邵氏影业之邀赴南洋巡演粤剧《梁红玉》《西施》《花木兰》《王昭君》《貂蝉拜月》《卓文君》《燕子笺》等。1939 年夏，在香港举行两天“李绮年照片展览”，义卖照片为抗战筹款。1940 年，在上海主演古装电影《女皇帝》《梁红玉》。1941—1942 年，主演电影《风流寡妇》《天长地久》《现代青年》《贼美人》。1948 年，在香港出演《花香衬马蹄》等片。1949 年，主演遗作《卖肉救家姑》。

1950 年 11 月 4 日，在越南服食安眠药，自杀谢世，年仅 36 岁。

李绮年一生出演过 40 多部电影。

李绮年有过四段感情。

李绮年很小就是阮玲玉的粉丝，她的闺房贴满了阮玲玉的玉照，整天呆呆地盯着这些照片废寝忘食，如痴如醉。言行上，处处模仿阮玲玉。她的父母无法忍受，把她房间里的“阮玲玉”全部撕下，怒不可遏的李绮年离家出走，开始漂泊。

李绮年漂泊到了澳门。1935 年 3 月 8 日这一天，她从报纸上看到阮玲玉自杀的消息，精神支柱轰然倒塌，毅然效仿偶像，投海自杀。结果，被一个年轻的渔民救起。出于感激，她以身相许，本想踏实本分过完一生，不料，这位渔民不但酗酒，还嗜赌如命，最后竟然把她作为“筹码”输给了别人。于是，李绮年便落到了一个富商手里。

富商姓庄，非常喜爱李绮年，他瞒着家室，金屋藏娇。然而，这种不见天日的生活又岂是李绮年的愿望？她不辞而别，赶赴香港，应聘成功，成为演员。

李绮年与庄姓富商同居时，认识了林修文，二人有过短暂交往。抗战爆发后，林修文在李绮年的劝说下从军，二人自此无缘重逢。更可怕的是，李绮年得到消息，称林修文战死沙场，她心痛不已，嫁给了一个叫黎化的男人。红颜薄命，识人不准，黎化竟是一个懒惰成性、吃喝嫖赌五毒俱全的恶棍，李绮年的爱情彻底破灭，婚姻一败涂地。

李绮年，阮玲玉的超级粉丝，尽管没有取得阮玲玉那样辉煌的艺术成就，但人生经历酷似阮玲玉，是名副其实的“阮玲玉第二”。

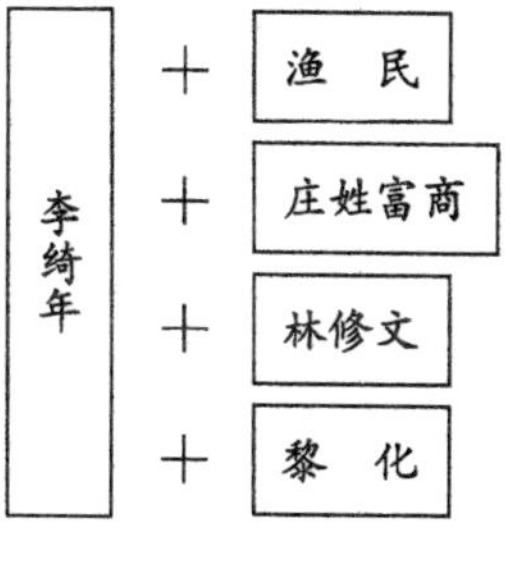

李绮年婚史图

梅琳：扶不起来的“小阮玲玉”

梅琳（1915—1997），女，江苏苏州人，中国现代演员。

阮玲玉去世后，联华公司有意培养长相与之酷似的新人梅琳，挽留影迷，于是，梅琳主演了个人首部电影《无愁君子》。之后，又在《天伦》和《联华交响曲》中饰演配角。其间，还在次龙影业公司出演了《好汉》一片。“联华”毁于日寇战火后，她在“新华”出演了《飞来福》《儿女英雄传》二片，随即退出影坛。因容貌酷似阮玲玉，梅琳受到力捧，但因演技着实无法与阮玲玉媲美，电影作品并不多。

当时，上海报纸称梅琳为“小阮玲玉”，但她却是一位“病西施”，三天两头缠绵病榻，经常请假；胆子又小得出奇，午夜回家在路上看到一个黑影也会受惊致病，无法拍夜戏；一口吴侬软语，国语说不好，因此，扶不起来，红不起来。

梅琳结过两次婚。第一任丈夫是天一公司的演员余光，是带她进入影坛的引路人，但婚后不久感情破裂，宣告离异。第二任丈夫严先生是一位名医，婚后琴瑟和谐，生儿育女，梅琳专心在家相夫教子，充当贤妻良母，二人共同生活了半个世纪之久。1993 年严医生去世，1997 年梅琳告别人世。

梅琳虽婚姻成功，但缺乏才华，她其实并不喜欢表演和电影。历史昭示，模仿他人没有出路，仰仗前人的威名往往导致故步自封、作茧自缚，偶像的超级粉丝大都东施效颦、一文不值。[①] 艺术的永恒法则是“自主创新”。

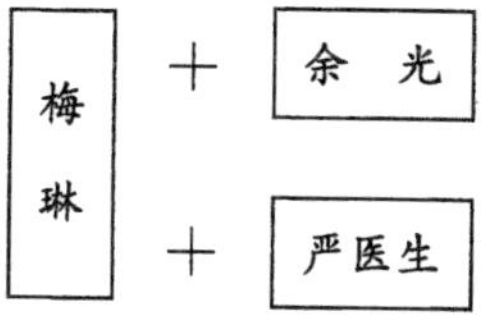

梅琳婚史图

① 刘德华的超级粉丝杨丽娟就是典型例证。

顾梅君与顾兰君：演员姐妹花，婚姻各不同

顾梅君（1915—1980），女，上海人，中国现代演员。

顾兰君（1918—1989），女，上海人，中国现代演员。

姐姐顾梅君、妹妹顾兰君少年时期开始学艺，后加入明月歌舞团、联华歌舞团。1929 年，姐妹俩加入明星歌剧社，1931 年进入影坛，顾兰君参拍了电影《美人心》。

1933 年，姐妹俩先后入明星影片公司任演员。顾梅君在“明星”公司出演了《慈母》《姊妹花》《可爱的仇敌》《上海二十四小时》《新旧上海》等片。顾梅君还演出了十多部左翼电影，如《前程》《盐潮》等。抗战爆发后，“明星”毁于炮火，无片可拍的姐妹俩开过一家“梅兰花店”。1942 年后，顾梅君在“中联”“华影”拍过几部电影。1949 年，顾梅君去了台湾。1953 年，演出电影《银海千秋》，随后息影。

顾兰君的演艺事业，比姐姐成功一些。1933 年，顾兰君在“明星”主演了电影《上海二十四小时》，获得好评。1935 年，在影片《翡翠马》中一展歌喉，引起轰动。1936 年，主演电影《金刚钻》《生龙活虎》。

1938 年，主演古装片《貂蝉》，大受欢迎，蜚声影坛。接着，顾兰君又主演了《武松与潘金莲》《武则天》《王熙凤大闹宁国府》

《葛嫩娘》等影片，因演技精湛，与袁美云、陈燕燕、陈云裳并列为影坛“四大名旦”。1940 年，顾兰君与丈夫李英组建光华影片公司，主演了《李香君》《家》《依本痴情》等 20 余部影片。1946 年，顾兰君赴香港主演电影《同病不相怜》，回沪后主演《湖上春痕》《假面女郎》《十步芳草》等多部影片。1949 年后，顾兰君请周瘦鹃编写《婚姻大事》电影剧本，歌颂新婚姻法，由徐昌霖导演，她担纲女主角，这是她主演的最后一部影片。以后，出任上海市静安区政协委员，担任艺术学校校长，组织演出京剧《樊长江》，终因劳累过度，1989 年 10 月在上海溘然长逝。顾兰君从影 22 年，先后出演了 50 多部影片。

20 世纪 30 年代，顾梅君与导演徐欣夫结婚。

1940 年，徐欣夫编导电影《黄天霸》，顾兰君饰演女主角“张桂英”，李英饰演男主角“黄天霸”，影片是一个英雄与美人的恋爱故事，在现实中竟成了事实，顾兰君与李英渐生情愫。随后，顾兰君又主演了李英自编自导的影片《薄命花》，影片完成后，他们宣布结婚。但是，婚姻仅维持了三年，两人便各奔东西。1949 年初，顾兰君与上海惠昌商务公司经理廖云士结为连理。

徐欣夫（1897—1968），江苏江阴人，中国现代导演。

1920 年，上海徐汇公学毕业后，徐欣夫与陈寿芝等人合组中国影戏研究社，并参拍中国第一部长故事片《阎瑞生》。1924 年，入大中华影片公司，导演影片《战功》。随后，赴菲律宾开拓图片经销业务。1931 年，任明星影片公司导演，执导《盐潮》《女儿经》《美人心》《热血忠魂》等片。此后，在“新华”等影业公司导演了《翡翠马》《兰闺飞尸》等侦探恐怖片。1942 年，在“中联”参与导演影片《博爱》。抗战胜利后，任国泰影片公司导演，执导了《粉红色的炸弹》《古屋魔影》等片。1948 年，赴台湾，自组万象影片公司，担任台湾第一部国语片《阿里山风云》的制片人。1954 年，任台湾农业教育电影公司台中厂厂长，导演《日月潭之恋》等影片。1958 年后，任台湾“中央”电影事业股份有限公司、台湾电影制片厂顾问。1968 年，病逝于香港。

李英（1913—1968），上海人，中国现代演员。

1931 年，李英在复旦影片公司参演影片《巾帼须眉》。此后，在“天一”“强华”等影片公司主演《美人恩》《沦落》等。1950 年赴香港，主演的影片有《雾香港》等。从 20 世纪 40 年代开始担任电影编导，代表作品有《澳门大血案》《狗凶手》。

顾梅君与顾兰君，一对姐妹花，两个女演员。顾梅君提携妹妹顾兰君，使她成为“小姨明星”。

顾梅君与徐欣夫，一对电影夫妻，夫导妻演，夫唱妇随，相伴终生。

婚姻幸福，事业有成，这是令人羡慕的一个电影家族。

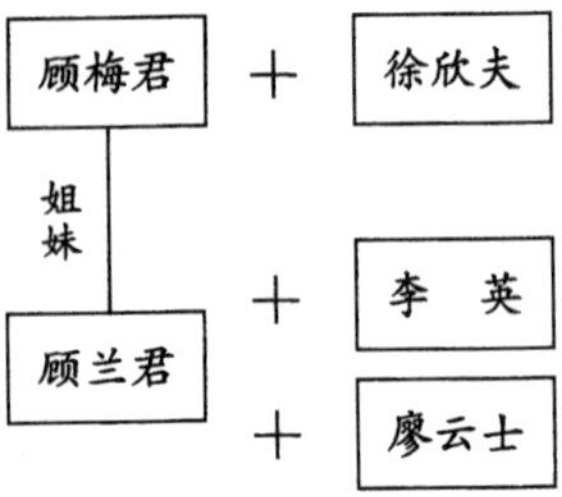

顾梅君、顾兰君婚史图

高倩苹：弃影学法，别具一格

高倩苹（1911—？），女，上海人，中国现代演员。

1927年，高倩苹开始从影，在杨耐梅自组公司投拍的影片《奇女子》中任配角。次年，在“民新”公司主演《风流剑客》，反响平平。此后，进入“明星”公司，主演《战地小同胞》《琵琶春怨》《勇士救美记》《时代的儿女》《重婚》《乡愁》等电影。20世纪30年代，左翼电影运动兴起，出演了《丰年》《二对一》《春蚕》等片。1936年退出影坛，改学法律，成为律师，在中国早期女演员中走出一条不同凡响之路，别具一格。

20世纪30年代初，高倩苹与演员高占非结婚，抗战结束后离婚。

高占非（1904—1969），天津人，中国现代演员。

1923年，高占非弃军从艺，南来上海，在星光影片公司出演了电影《同心结》。1931年，主演电影《南国之春》，走红影坛。随后，又主演了《天明》《都会的早晨》《香雪海》等电影。1934—1937年，主演了《女儿经》《再生花》《空谷兰》《劫后桃花》《兄弟行》等影片。抗战爆发后，主演了抗日影片《热血忠魂》《长空万里》。1942年，主演《芳华虚度》《万世流芳》，大受欢迎。1948年，南下香港，出演了《驼龙》《国魂》《野火春风》《水上人家》等影片。1951 年，回上海，出演了影片《方珍珠》《和平鸽》。不久，高占非告别驰骋二十多年的电影圈，和友人合办了一家小企业，卖消防器材，并且再婚。“文革”中，受到迫害，于 1969 年 12 月 26 日辞世。

高倩苹 + 高占非

高倩苹婚史图

胡萍：神秘的“红姑娘”

胡萍（1910—？），女，湖南长沙人，中国现代演员、编剧。

胡萍中学毕业后，在长沙一家咖啡馆当服务员，田汉发现她具有演戏天赋，介绍她进入上海戏剧界。她先加入上海的大道剧社，参演了《街头人》《乱钟》等舞台剧。1931 年，进入电影界，先后出演《海上英雄》《绿林艳史》两部影片。1932 年，加入左翼戏剧家联盟，成为一名进步电影工作者。1932 年至 1933 年，在明星公司演出了七部影片，其中，主演《恋爱与生命》《姊姊的悲剧》，并出任后者的编剧。1933 年秋，转入艺华影片公司，主演《烈焰》《女人》，参演《生之哀歌》《飞花村》《时势英雄》《新桃花扇》等影片，成为“艺华”的台柱子。1936 年，转入新华影片公司，主演了《狂欢之夜》《青年进行曲》。1937 年，主演了恐怖片《夜半歌声》，大获成功，大受好评。抗战爆发后，胡萍积极参加抗日救亡运动，随后息影。20 世纪 40 年代，赴香港，常与富商为伍。“文革”时期，被发现仍在长沙。卒年不详。

在 20 世纪 30 年代的大上海，胡萍享有“红姑娘”之名。这不仅因为她主演了恐怖片《夜半歌声》，红极一时，还因为她的装扮从头到脚都是红的，口唇红，衣服红，腮帮子也透着点红，还有人说她的思想也是“红”的。[1]

胡萍多才多艺，不但会演戏，还会跳舞，尤其还会编剧，这在当时的女性演员中很少见。胡萍也是一个神秘的女明星，她的神秘事件不一而足，常行踪不定。

关于她息影后的生活，关于她的婚姻，均缺乏可信的史料，亦很神秘。

---

① 可参宋之的《红姑娘胡萍》，亦可参葛飞 2007 年 5 月 14 日发表于《北京青年报》的文章。

叶秋心：梦碎乱世，顽强生存

叶秋心（1913—1984），女，湖北新洲人，中国现代演员。

叶秋心少年时就读于武汉汉口圣罗以女中，喜爱文艺，长得文静秀丽，身材窈窕，被武汉影片公司看中，应邀在该公司演过一部《什刹海》的片子。后来，转入话剧界，在汉口出演《西游记》，女扮男装演“唐僧”，颇受好评。1932 年，离开武汉到上海，经邵醉翁介绍，进 天一公司，正式从影，参演《孽海双鸳》，一炮打响。继之，参演《青春之火》，再创佳绩。后来，连续主演了《似水流年》《春行曲》《春宵曲》三部电影，声名大振。1934 年，因主演《百花洲》而被《良友》杂志评为“全国八大明星”之一，被冠以“模范美人”的称号。1935 年，参演《吉他》一片，再次轰动。1936 年，主演电影《桃李争艳》《大家庭》，亦获好评。抗战爆发后，明星公司毁于炮火，叶秋心随丈夫张铭声回汉口，生活窘迫，后流落他乡。抗战胜利后，叶秋心回到汉口，重登舞台，主演了话剧《双钉记》，再次走红。新中国成立后，离开影剧界，寓居湖北省汉阳县蔡甸镇，在一家国营拉丝厂当工人，直到退休。1984 年 2 月 7 日，因病逝世，享年 71 岁。

叶秋心有四段婚姻。

第一段，她嫁给国民党驻武汉某旅旅长万倚吾（1898—1951）。万与她是老乡，但对叶秋心常出没于影院、歌厅不满，1932年，叶秋心被迫离开汉口，前往上海。

第二段，抗战爆发后，叶秋心息影回到家乡，靠一个叫张铭声的男人养活，并与他育有一子。这时的叶秋心因多年吸食鸦片风采尽失，张铭声便与一个京剧文武花旦相好，带着儿子离开武汉，弃她而去。

第三、四段，20 世纪 80 年代，叶秋心被人在湖北省汉阳县蔡甸拉丝厂找到。原来，武汉刚解放时，她随所在流动剧团在蔡甸镇演出后，独自留了下来，先是给镇上的红星酒厂打零工，以扛运粗糠为生；后转入拉丝厂当工人，直到退休。往事不堪回首，生活在她周边的街坊邻居们并不知道，这位与他们朝夕相处的普通女工，曾是当年名震全国的电影大明星。叶秋心定居蔡甸后，曾有过两段婚姻。不幸的是，两任丈夫均早于她离世。

当年她和张铭声所生之子，后常居江西景德镇。叶秋心去世时，此子专程从江西来武汉奔丧。

叶秋心生逢乱世，明星梦不能扭转凄苦命，因生活所迫，四次许身男人，坚强地活着。浮华散尽，青春不再，晚景凄凉，人生如戏。

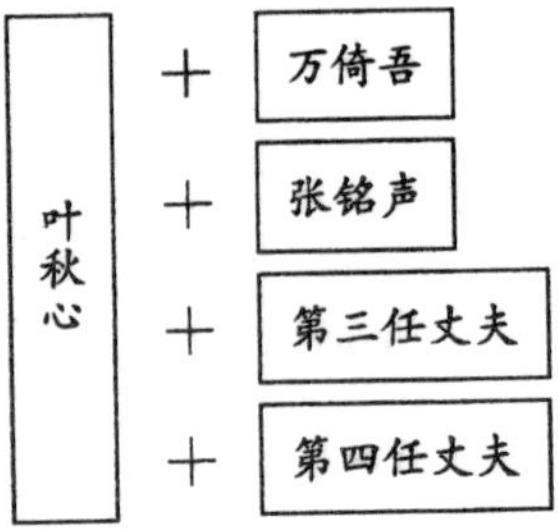

叶秋心婚史图

王汉伦："弃妇"孤身四十载

王汉伦（1903—1978），女，江苏苏州人，中国现代演员。

少年时代，王汉伦就读于上海基督教会女校圣玛利亚书院。此后，在上海虹口小学教书，在英美烟草公司当职员，在万国体育会任英文打字员。

1922年，"明星"公司筹拍影片《孤儿救祖记》，需要女主演，王汉伦经任矜苹介绍去找张石川试镜，结果被选中，从而出演个人首部电影，上映后轰动一时。1924年，主演了《玉梨魂》《苦儿弱女》《一个小工人》等影片。1925年至1927年，在长城公司主演了《弃妇》《摘星之女》《春闺梦里人》等影片，其中，《弃妇》影响很大。1927年至1929年，主演《空门贤媳》《好寡妇》《电影女明星》等影片，均获成功，因擅演悲剧女性被报界评为"银幕第一悲旦"。

因不满每部电影获利的总是电影公司的老板，嫌自己报酬太少，1930年，王汉伦在上海成立汉伦影片公司，买下包天笑的剧本《盲目的爱情》（即《女伶复仇记》），自任女主角，请卜万苍当导演。该片拍得很成功，远销国外。①

---

① 王汉伦：《影场回忆录》，1931年。

1931年起，知难而退，弃影从商，开办了一家汉伦美容院，但生意惨淡，抗战爆发后被迫关门。

新中国成立后，加入上海电影演员剧团，参演了电影《鲁班的传说》及纪录片《热浪奔腾》。

1950年，在电影《武训传》中出演"慈禧太后"。

"文革"中被抄家，生活困厄。

1978年8月17日逝世，终年75岁。

王汉伦在银幕上扮演的多是寡妇、弃妇之类的角色，在银幕下的婚姻也是不幸的。

16岁那年，由兄嫂包办，王汉伦嫁给辽宁本溪煤矿一个张姓督办。这个煤矿是中日合营的，她发现丈夫经常和一个日本女人鬼混，又发现丈夫协同日本人购买中国的土地，于是，婉言相劝，反被丈夫殴打。王汉伦不能忍受这种卖国与虐待，提出离婚，回到上海。

1933年秋，王汉伦在杭州和"风雅文士"王季欢结婚，邀请著名律师章士钊证婚，但不久又离异。①

经历了两次婚姻的失败之后，王汉伦再也没有结婚，四十多年孑然一身，直到去世。

王汉伦的两任丈夫，都是旧式人物，前任为旧官僚，后任为旧文人，思想保守，目光短浅。但是，她自己从事的却是新文艺。这种反差，必然导致夫妻思想差异截然，没有共同语言，感情基础何谈牢固？她的婚姻，于其艺术生涯，无益，有碍。②

王季欢（1898—1936），浙江长兴人，中国现代文人，金石学家。

---

① 1934年的《电声周刊》上曾刊登过王汉伦的自述，详述她第二段婚姻的始末。

② 王汉伦自述《我入影戏界之始末》。

王季欢辑有《薛庐印存》《长兴金石志》《峨铿碉石墨目》《泉园藏印》《仁寿堂金石》《杨（合）古陶留》《伊阙石刻考》《杨（合）圜钱留》等，现存浙江省图书馆。另辑成《长兴先哲遗著征》《泉园随笔》《箬溪艺人征略》《抱蜀老人山水画》《诒庄楼书目解题》《长兴诗存》《长兴词存》《长兴志剩辑存》《崇雅堂集辑存》等书。曾发起研讨金石书画的“巽社”，主编《鼎脔》美术周刊，举办书画展。因印刷“打倒新军阀蒋介石”的传单，被人告发，避难日本。回国后，所藏故纸书画毁于大火。

1936 年 4 月 25 日，病逝于杭州，年仅 38 岁。

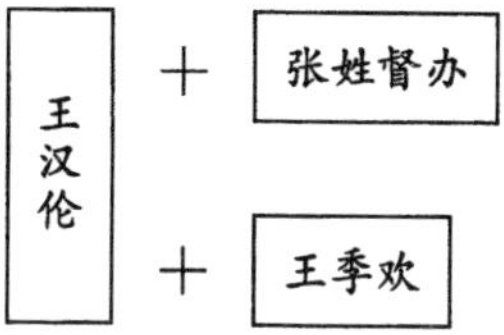

王汉伦婚史图

王氏二霸，五毒俱全

王元龙（1903—1969），天津人，中国现代演员。

王元龙青少年时代在北京、天津读书，后考入保定陆军大学，毕业后从军一年。1923 年，离开军队，到上海。

1924 年，由陆洁介绍，进入大中华影片公司，同年参演电影《人心》，公映后颇受欢迎。1925 年，主演电影《战功》，再获好评。随后，为大中华百合影片公司（1925 年 6 月由大中华影片公司和百合影片公司合并而成）主演了《小厂主》《透明的上海》《银枪盗》《五十五号侦探》等片。那时，武侠片盛行，他以粗犷的英雄形象出现于《殖边外史》《美人计》《王氏四侠》等影片中，时人称他“银坛霸主”。1928—1930 年，由名妓雅秋四娘出资，组建三龙公司，王元龙自导自演了《王氏三雄》《人兽关头》《白鼠》等影片，反响平平。1930 年至 1935 年，演出了《强盗孝子》《热血青年》等片。1933 年，自组元龙公司，自导自演了电影《三镖客》，公映后亏损甚多。后来，他拜谢葆生为师，由谢出资再办龙马公司，拍摄了《梨园外史》《卞昆冈》二片，又告失败。这时，电影界新人辈出，昔日的“银坛霸主”无人问津，竟沦落到无法立足之窘境。

1935 年，美国米高梅影片公司来华拍摄改编自赛珍珠长篇小说

《大地》的同名电影，王元龙受聘担任顾问，带剧组赴上海、北平拍摄外景。1939年，艺华公司请王元龙和名伶金素琴主演了古装片《楚霸王》，后来，王元龙又编导及主演了戏曲片《燕子盗》，再次红了一阵子。1940年到1941年，王元龙在“艺华”“新华”“华成”“中联”等影片公司参演了10多部影片，如《西施》《潇湘夜雨》《孔雀东南飞》《家》等，但都是配角。

太平洋战争爆发后，日本人垄断了上海的电影业，王元龙为日本人的“华影”拍了《三朵花》《混江龙李俊》等影片。抗战胜利后，王元龙为“中电三厂”导演并主演了《天桥》，参演了《十三号凶宅》。1948年，去香港，导演了两三部影片，也主演过几部影片，但成绩平平。

20世纪50—60年代，在港台两地出演了60部影片，如《说谎世界》《翠翠》《状元红》等。

1969年，王元龙在台北病逝，终年66岁。

王元龙走红影坛后，生活上放荡不羁，桃色新闻层出不穷。他和女演员黎明晖热恋，但不专一，导致黎离他而去。他到处寻花问柳，经常泡妓院，与名妓雅秋四娘相好，同时又与交际花鬼混，情场上的纠纷不断发生。他除了继续玩弄女性之外，又染上赌博的恶习，爱赌狗，经常一输就是几百元，没多久就把老本输光了。加上他拍《王氏四侠》续集亏了大本钱，三龙公司不但关闭，还负债累累。由于生活上的堕落腐化，电影界人士及观众对王元龙很是失望。1936年，王元龙已是四个孩子的父亲。他离开名妓雅秋四娘，组织剧团北上，一去好几年，往来于平津一带，与一个叫“小三宝”的名妓鬼混，又与一个叫陆依辰的女人结婚。王元龙吃喝嫖赌抽，五毒俱全，堕落至极。

王元龙，思想落后，品位低俗，张扬跋扈，放荡淫邪，是演艺圈的流氓，即俗称的“戏霸”。直至今天，这路货色仍大有人在，这也是电影、电视剧之所以被精英阶层、知识分子鄙夷的原因之一。影视之“俗”，见于民俗则朴拙，见于低俗则龌龊，见于恶俗则猥琐，王元龙之俗，低俗、恶俗、粗俗皆见，实在令人作呕。

黎明晖（1909—2003），女，湖南湘潭人，中国早期演员。

黎明晖的父亲是20世纪20年代著名作曲家，明月歌舞团的主办人黎锦晖。

黎明晖在上海长大，自幼能歌善舞。1925年，转入电影界，出演电影《不堪回首》《花好月圆》《战功》。1926—1928年，主演了《小厂主》《透明的上海》《可怜的秋香》《美人计》《意中人》《柳暗花明》等九部影片，并灌录了中国第一张流行歌曲唱片《毛毛雨》。1929年，随明月歌舞团到南洋一带演出。1933年，加入天一公司，主演了电影《追求》，大获成功。1934年，主演了影片《女人》。1935年，主演了影片《生之哀歌》。1936年，主演了影片《清明时节》《压岁钱》。1937年，出演了影片《凤求凰》，从此息影，在上海创办托儿所。

2003年12月9日，黎明晖高寿而终，享年94岁。

王元龙的弟弟王次龙，尽管有些才华，但整体上低俗，黄赌毒无一不沾，恶习比其兄有过之而无不及，死于吸毒，英年暴毙。①

王次龙（1907—1941），河北保定人，中国现代电影演员、导演。

1926年，王次龙入大中华百合影片公司任布景师。同年，参演影片《透明的上海》《同居之爱》。1928年，编导个人第一部电影《上

① 徐文明：《王次龙：多面影人的电影生涯及民族主义电影创作》，《浙江传媒学院学报》2015年第1期。

海一妇人》。随后，与其兄王伯龙、王元龙共建三龙公司，摄制了《王氏四侠》等武侠片，轰动一时。1931 年转入“联华”，导演影片《自由魂》。此后，又编导了《还我山河》等影片。曾自组次龙制片厂，未遂。1941 年，与其兄王元龙赴港，因吸毒过量暴毙，年仅 34 岁。

20 世纪 30 年代中期，王次龙和周文珠结婚，几年后离婚。

周文珠，生卒年不详，女，浙江镇海人，中国现代演员。

1920—1936 年，周文珠出演《滑稽大王游沪记》《孤儿救祖记》《风雨之夜》《马介甫》《桃李争春》《银强盗》《一个红蛋》《黄金之路》《自由魂》《海上阎王》《还我山河》等影片。1937 年，在恐怖片《夜半歌声》中演一个老妇，令人印象深刻。抗战爆发后，参演《雷雨》《潘巧云》，后销声匿迹。

周文珠原先和一个“海归”恋爱，最终却嫁给了她的老板王次龙。夫妻二人生活糜烂，都染上了鸦片瘾，后因王次龙有了新欢而离婚。又过了几年，王次龙吸毒暴毙，周文珠和孩子断了经济来源，只能靠东讨西借度日，最后沦落到带着孩子沿街乞讨的悲惨境地。

中国早期电影史上，还有一位因吸毒过量而暴毙的演员，那就是朱飞。

朱飞（1903—1935），上海人，中国现代演员。

朱飞家境富裕，毕业于远东商业学校，能说一口流利的英语。最初，在上海英美烟草公司影片部演戏，后被张石川看中，于 1925 年加入明星公司。当时影坛盛行才子佳人谈情说爱的模式，朱飞扮相俊美，主演了《空谷兰》《白云塔》等片，被称为“银幕情人”，由此走红。成名后的朱飞，思想上不求上进，生活上更加放荡，拈花惹草，沉醉于花街柳巷，经常耽误片场拍摄，逐渐被影坛淘汰。

1934 年，他在“联华”拍了一部《青春》，此后再也无戏可拍。

1935 年，朱飞因吸食鸦片过多而暴毙，年仅 32 岁。

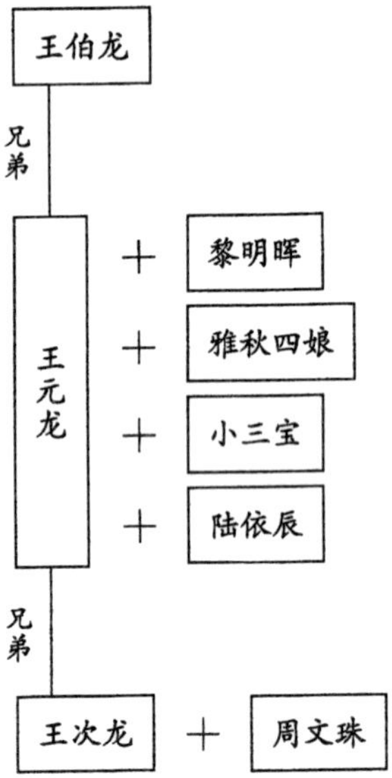

王元龙族谱及婚史图

费穆：小城之春，儒家大兄

费穆（1906—1951），上海人，中国现代著名导演、编剧。

费穆出生于一个封建保守家庭，先学国学，后学英法德等多种外语，1928 年起业余撰写影评。1930 年，应聘为天津华北电影公司编译主任，为外国新片翻译英文字幕、撰写说明书，后应导演侯曜之请担任其导演助理，进而熟悉了影片制作流程。

1932 年，费穆执导了批判现实的剧情片《城市之夜》，受到关注。1934 年，执导了剧情片《香雪海》。1935 年，执导了伦理电影《天伦》，系中国电影史上首次以民族乐器配乐。1936 年，拍摄了国防电影《狼山喋血记》。1937 年，拍摄了抗战纪录片《北战场精忠录》，导演戏曲电影《斩经堂》。1940 年，执导了古装剧情片《孔夫子》。1941 年，为中美两国第一次合作拍摄的影片《世界儿女》编写剧本，导演戏曲片《古中国之歌》，导演话剧《清宫怨》，执导的电影《孤岛男女》上映。1942—1944 年，投身话剧，组建了上海艺术剧团、新艺剧团，演出过《杨贵妃》《浮生六记》《小凤仙》等剧。1948 年，拍摄了中国第一部彩色影片《生死恨》，执导了剧情片《小城之春》，登上导演生涯巅峰。

1951 年 1 月 31，费穆因心脏病突发辞世，年仅 45 岁。

费穆执导的影片，技术纯熟，镜头纯净凝练，角度恰当，构图优美，光影柔和。他擅长描写人物细腻的内心，在情绪的把握上恰到好处。费穆导演的《小城之春》等电影，从不同侧面对人的生存价值、人生的目的、生命的意义进行了哲理性的探讨，颇具思想深度。费穆一生恪守儒家传统，尊崇人道主义，珍视和护卫中国传统文化，虽饱经战乱，屡受挫折，但始终忧国忧民，士大夫情结浓郁，家国情怀浓厚。

费穆的祖父是清宫的御医。费穆兄妹五人，他排行老大；二弟费彝民（1908—1988），曾任《大公报》主编；三弟费康毕业于中央大学建筑系，后在北京搞建筑设计；四弟费泰是搞机电的；妹妹在两个月时就夭折了。

1926年，20岁的费穆遵从母命，与素未谋面的女子巫梅结婚。婚后育有五女二子，长女是香港女高音歌唱家费明仪（1931—2017）。

在战火频仍、国破家亡的乱世，费穆能在传统与现实中觅得一份内心的宁静，这植根于他接受的儒家思想，来源于他内心深处正统而保守的婚姻观。小妹的夭折，母亲的贤惠，这造就了费穆面对女人时主要是同情与爱护；兄妹较多，长兄为父，这造就了费穆深知自己作为男人要担当，要自强，要撑起一片天。

费穆的婚姻，守旧、单调而沉闷，但是，很稳定，很踏实，无疑是成功的。

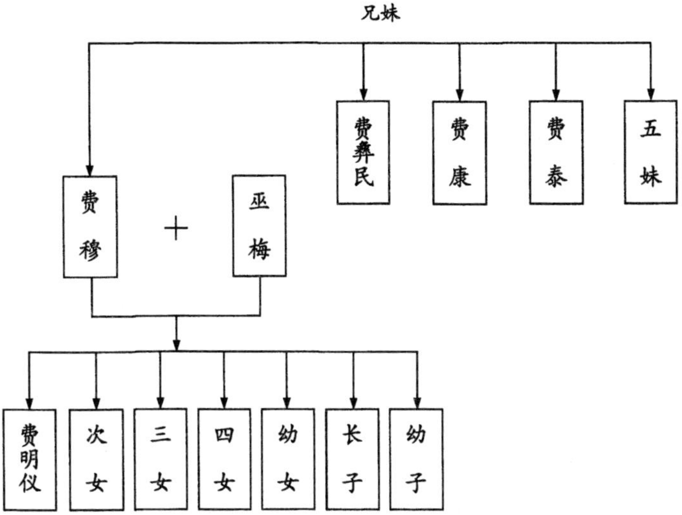

费穆族谱及婚史图

白虹：三栖明星两度婚

白虹（1920—1992），女，北京人，中国现代著名歌唱家、演员。

白虹原名白丽珠，幼年就非常喜欢音乐。13 岁那年，被明月歌舞团录取，从此以“白虹”的艺名步入上海演艺圈。1934 年，在播音歌星竞选中夺冠，成为中国流行音乐史上第一位“歌唱皇后”。1945 年 1 月，举办歌唱大会，是第一位举办个人演唱会的中国流行歌星。作为影剧歌三栖红星，白虹一生灌录歌曲 150 余首，数量仅次于周璇，代表作有《醉人的口红》《莎莎再会吧》《郎是春日风》《我要你》《蔷薇花》《可怜的爸爸妈妈》《乘风破浪》《且听我说》《疯狂乐队》《埋玉》等。

作为演员，白虹出演了《无花果》《孤岛春秋》《美人关》《雾夜血案》等 30 多部影片，还出演过《上海之歌》《杨贵妃》等舞台剧，在电影界与白光、白杨并称“北平三白”。

1949 年后，白虹致力于话剧事业，曾荣获三等功。

“文革”中受到迫害，1979 年退休。

1992 年 5 月 28 日，白虹因病去世，终年 73 岁。

白虹的音域宽广，歌路也广，有较深的艺术功底。她吐字清晰，演唱稳当中蕴含飘逸，富于感情。在融合传统唱腔的基础上，白虹自行发明出一种具有异国气息的唱法，包括发声方式、吐字与行腔，她的歌喉嘹亮如阳光普照，能激发人们高远的情怀。在银幕上，白虹的戏路也很宽，能驾驭各种不同性格的角色，演技一流，给观众留下了深刻的印象。

提到白虹，就不得不提著名作曲家黎锦光。白虹早期的歌曲，几乎全部出自黎锦光之手，两人后来结为夫妇，一时传为文艺界的佳话，被认为是美满的歌坛伉俪。1950 年，二人登报声明离婚。

后来，白虹与原上海话剧小生毛燕华结婚，婚后一起在北京投身话剧工作。

黎锦光（1907—1993），湖南湘潭人，中国现代作曲家、流行音乐家。

1925 年，黎锦光入大学读书。1926 年，考入黄埔军校，旋参加北伐。1927 年到上海，加入黎锦晖任团长的中华歌舞团。1939 年，任百代唱片公司音乐编辑，创作了《夜来香》《香格里拉》《拷红》《采槟榔》《五月的风》《叮咛》《慈母心》《疯狂世界》《星心相印》《相见不恨晚》等近百首流行歌曲。

1949 年后，在上海唱片公司工作，编辑唱片 2000 多首，曾任中国中央芭蕾舞团交响乐团首任首席指挥。“文革”中受到迫害。1993 年，逝世于上海。

黎锦光的父亲是黎培銮（1870—1952），母亲是黄赓（1870—1944），夫妻二人养育了多名子女，其中，黎锦熙、黎锦晖、黎锦耀、黎锦纾、黎锦炯、黎锦明、黎锦光、黎锦扬八人因对中国现代文化教育事业贡献突出而被誉为“黎氏八骏”。

黎锦晖（1891—1967），湖南湘潭人，中国现代音乐教育家，被誉为“中国流行音乐之父”，创作儿童音乐剧《麻雀与小孩》《三蝴蝶》《小小画家》等，创作的歌曲《毛毛雨》《桃花江》等为中国最早期的流行歌曲。

黎锦晖的女儿是黎明晖，中国现代女演员。

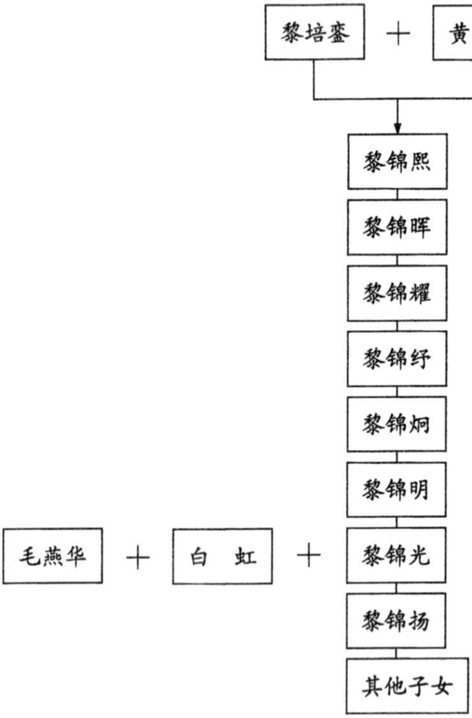

白虹婚史图 · 黎锦光族谱图

白杨：高洁玉立，宽厚贤惠

白杨（1920—1996），女，北京人，中国现代演员。

白杨原籍湖南汨罗，出生于北平。1936 年，白杨主演个人第一部电影《十字街头》。1939 年，出演剧情电影《中华儿女》。1946 年，主演剧情电影《八千里路云和月》。1947 年，领衔主演剧情电影《一江春水向东流》。1950 年，主演剧情电影《团结起来到明天》。1956 年，主演剧情电影《祝福》。1960 年，主演战争电影《冬梅》。1989 年，领衔主演平生唯一的电视剧《洒向人间都是爱》。1996 年 9 月 18 日逝世，享年 76 岁。

白杨的表演风格质朴、自然、含蓄，擅长表现东方女性神韵。她塑造了各种优美动人的妇女形象，将自身具有的女性魅力与角色巧妙地结合，使观众对她扮演的银幕形象产生无限同情，从而获得观众的喜爱和尊敬。白杨饰演的每个人物都能够得到观众的认可并深入人心，不仅因为她深厚的表演功底，更由于她对所塑造人物的深刻理解与认真揣摩，从而不会让人觉得虚假造作。

1935 年夏到 1936 年夏，白杨与戏剧家马彦祥（1907—1988）在南京同居过一年，后分手。

20世纪40年代，白杨和留美才子、电影导演张骏祥（1910—1996）有过一段不到一年的短暂婚姻，后分手。

此后，白杨改嫁带两个女儿的鳏夫蒋君超。蒋君超（1912—1991），电影演员，比白杨大8岁，两人曾在影片《他们的心愿》有过合作。这次婚姻是成功的，白杨、蒋君超同为演员，一生合作了近百部电影，主要作品有《祝福》《八千里路云和月》《绝代佳人》《乘风破浪》等。

蒋君超的第一任妻子是电影演员白璐。

白璐（1916—1947），女，四川涪陵（今属重庆）人。20世纪30年代，白璐曾经和导演郑君里恋爱过，无果而散，后与蒋君超结婚。蒋君超、白璐是20世纪三四十年代令人艳羡的一对影坛伉俪，至少同演了《正气歌》《一代尤物》《孤岛天堂》《绝代佳人》《潘巧云》《乱世儿女》6部电影。1947年8月31日，眼睛近视的白璐急于出行，忘戴眼镜，搭乘电梯时没有发现电梯故障，一脚踩空，不幸坠亡。

发妻死于非命，蒋君超遭受巨大的打击，一蹶不振，还要抚养两个年幼的女儿，生活压力巨大。这时，白杨走进了他的生活，抚慰他受伤的心灵，抚平他精神上的创伤，给了他莫大的关爱和包容。二人渐生情愫，患难夫妻最珍贵，同甘共苦伴终生。

白杨和蒋君超育有一儿一女。儿子蒋晓松是文化商人，社会活动家，博鳌亚洲论坛的主要策划人之一。女儿蒋晓真，毕业于北京电影学院导演系，后赴美留学，曾执导电影《新十字街头》，曾出任美国著名导演斯皮尔伯格（Steven Allan Spielberg，1946— ）的电影《太阳帝国》（*Empire of the Sun*）的制片人。

白杨的一生，从稚嫩走向成熟，从坎坷走向坦途。白杨，名如其人，不畏艰苦，抗争逆境，顽强生存，执着成长，在成功后还能保持宽容且大气的心态，实属罕见。无论戏里戏外，白杨都那么高洁，那么优美，那么自然，将东方女性特有的内在美书写在银幕上，镌刻在人生中。

白杨的姐姐是著名长篇小说《青春之歌》的作者杨沫（1914—1995）。杨沫结过三次婚，第一任丈夫是学者张中行，第二任丈夫是曾任北京师范大学校长的马建民，第三任丈夫是化工高级工程师李蕴昌。

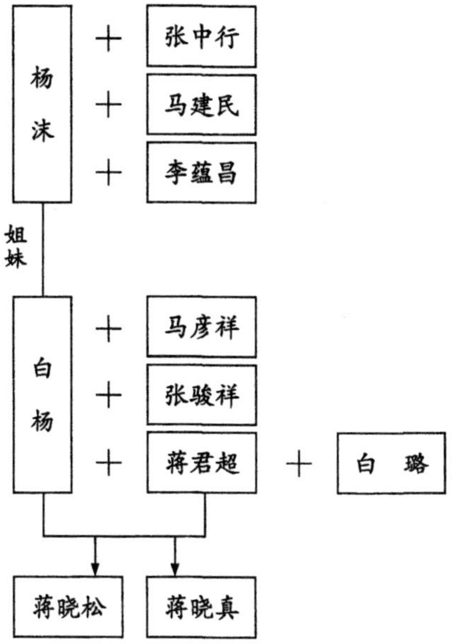

白杨婚史及族谱图

白光：“一代妖姬”，数次婚变

白光（1920—1999），女，河北涿县人，中国现代演员、歌手。

白光原名史咏芬，1943 年开始演电影，第一部作品是《桃李争艳》。其后，主演过《红豆生南国》《恋之火》《十三号凶宅》《荡妇心》《血染海棠红》《雨夜歌声》《一代妖姬》《玫瑰花开》《歌女红菱艳》等电影，以擅演荡妇、毒妇等著称影坛，素有“一代妖姬”之称。

除了演戏，白光还是一位歌星，主唱过不少电影插曲，其中以《如果没有你》《等着你回来》《假正经》最为出名，《叹十声》《东山一把青》《祝福》《魂萦旧梦》《葡萄美酒》等也脍炙人口。

1959 年，白光退出演艺圈。20 世纪 60 年代，白光赴日本创业，开了一家自己的夜总会，生意很好。

1995 年，应邀出席香港电台“十大中文金曲颁奖典礼”，与著名歌手徐小凤一同担任颁奖嘉宾，风采不减当年，令人赞叹。

1999 年 8 月 27 日，病逝于吉隆坡，享年 79 岁。

白光，她那低沉柔美又带慵懒韵味的磁性嗓音，令歌迷们如痴如醉；她那一口标准的国语，咬字清晰，吐词准确，极富感情，更裹挟一种放浪形骸的味道，让喜欢她的人们沉迷其中。她的歌声，低沉，拖沓，磁性，挑逗，慵懒，有气无力，略带匪气，肉欲与情欲并存，很社会，很风月。白光的魔力，并不只是她的脸蛋和歌喉，她骨子里浑然天成的风骚撩拨得无数男人又爱又怕，难以抗拒。现实生活中，白光率真，豪爽，大方，人缘颇好。

白光，或许不是一个好女人、好妻子、好母亲，但绝对是一个好歌手、好演员。

在歌声与银幕里，白光用放荡讥讽花花世界的男人，但在真实生活中，她又认真地追求爱情。

白光早在18岁的年纪，就奉父命嫁人，生下一对儿女后，很快离婚。

1938年，日本“东和商事映画部”在北平招募电影《东亚和平之路》的演员，白光中选，由此认识了负责这个项目的日本人山家亨，很快与之同居。1943年，山家亨被召回日本，白光随之前往。在日本，白光拜在著名声乐家、歌剧家三浦环（1884—1946）女士门下，悉心研习声乐，与日本演员李香兰（1920—2014）是同门师姐妹。回日本后，山家亨被捕，以叛国、泄漏机密、违犯军纪等十多条罪名受审，白光公然发表文章《我怀念我丈夫》，为山家亨四处奔走，但于事无补。不久，山家亨被定罪，白光黯然回国。

1951年，白光和一名美国飞行员结婚，并赴日本东京定居，但不久又离异。这次不成功的婚姻，还让她搭进去很多精力和金钱，光是开庭就多达20余次。

1969年，白光在马来西亚演出，遇到比她小26岁的影迷颜良龙。颜良龙及其父亲都是白光的影迷，他对白光体贴入微，呵护备至，白光毅然追随颜良龙迁居吉隆坡。两人虽无一纸婚书，却长相厮守了30年，一直到老。

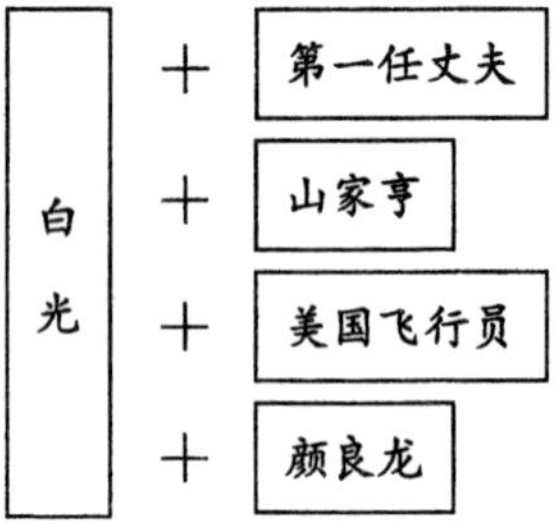

白光婚史图

丁子明：内秀谨敛，敏智高明

丁子明（1907—1997），女，浙江吴兴人，中国现代演员。

丁子明毕业于苏州蚕桑学校。1924年，入上海神州影片公司，主演无声片《不堪回首》《道义之交》《难为了妹妹》等。1925年，与裘芑香、李萍倩等合组五友影片合作社，拍摄影片《佳期》。1926年，入明星影片公司，相继主演《爱情与黄金》《二八佳人》《同学之爱》等9部无声片。1931年，在华剧影片公司主演影片《努力》，随即息影。1949年后，在上海文艺工会工作。1997年逝世，享年90岁。

丁子明的表演风格淡雅，隽永，具有浓郁的书卷气息。

丁子明出身官宦家庭，家境优裕。她天性聪慧，沉默内秀，读书甚多，却毫不骄矜。因擅演命运凄惨的悲剧女性，被誉为“知性悲旦”。她的私生活一清二白，从不屈就于电影导演、电影公司老板等，宁为玉碎，不为瓦全。丁子明出名后，导演万籁天爱上了她，苦苦追求，她被感动了，但丁母要求万入赘，万同意了。于是，丁子明与万籁天结婚，并生下一子。后来，万有了外遇，丁子明便与万离婚。此后，一直孤身到老。

丁子明是中国早期电影史上最敏智的女演员，她的处世哲学极为罕见，不仅成功，而且高明。她当红而退，勇于离婚，洞明世事，深谙人性。从某种意义上讲，丁子明做演员有些屈才，她更应做学问。

万籁天（1899—1977），湖北武昌人，中国现代导演。

1919 年，万籁天在东京日本大学学习，1921 年 2 月回国，同年 8 月入北京人艺戏剧专门学校学习。1924—1933 年，任上海明星公司编导兼影戏学校教务主任。1935 年，任南京中国舞台协会首席理事。1938 年 8 月，在国民政府军事委员会政治部第三厅工作。1944 年 9 月，任私立成都南虹戏剧学校戏剧科主任、重庆陪都剧艺社社长、中华剧专教授。1950 年 1 月，加入中国人民解放军第三兵团文工团，任戏剧指导，同年 8 月调任鲁迅文学院戏剧部教授。1954 年 8 月，任辽宁人民艺术剧院导演。1977 年 4 月 9 日病逝，终年 78 岁。

1924—1949 年，万籁天先后创作了独幕话剧《东道主》《童养媳》《摸索》《不吃人的狼》《花花世界》《唐宫秘史》《道义之交》等，编导了电影《难为了妹妹》《卖油郎独占花魁》《意中人》《热血男儿》《峨眉山下》《努力》等。作为演员，演出过《湖上的悲剧》《名优之死》《莎乐美》《娜拉》《回春之曲》《群魔乱舞》等。

中华人民共和国成立后，万籁天先后为东北人民艺术剧院、辽宁人民艺术剧院导演过《第一次打击》《吝啬鬼》《李闯王》《在那一边》《渔人之家》《日出》等十几部话剧。

万籁天的艺术态度严谨，注重戏剧形式的完整和人物性格的外部呈现，反对抄袭模仿，反对自然主义表演倾向，提倡创新。

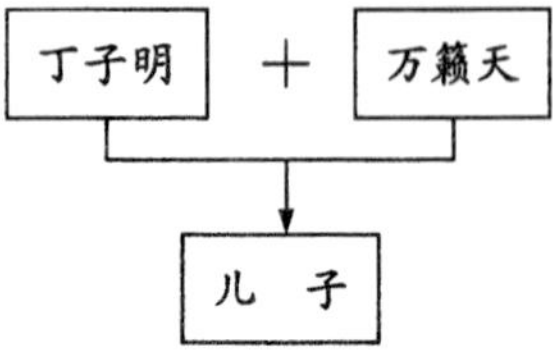

丁子明婚史图

陈波儿：革命影人两次婚

陈波儿（1910—1951），女，广东潮州人，中国现代演员，新中国电影事业的重要领导人。

1929年，陈波儿在上海艺术大学读书，其间参演了左翼话剧《街头人》《梁上君子》《炭坑夫》等。1932年，受到国民党当局监控，避居香港。1934年，返回上海，主演了电影处女作《青春线》，与袁牧之共同主演了电影《桃李劫》，蜚声影坛。1936年，再度与袁合作，主演了电影《生死同心》。

抗战爆发后，积极投身抗日救亡活动，在南京加入中国共产党，参演话剧《保卫卢沟桥》，组织上海妇女儿童慰问团赴绥远前线进行抗日宣传，演出街头剧《放下你的鞭子》，参演抗战影片《八百壮士》。1938年，到达延安，从事戏剧、电影的创作和组织工作。1940年，进延安马列学院和中共中央党校学习，导演了反法西斯名剧《马门教授》，参与编导舞台剧《同志，你走错了路》，筹拍《保卫延安》等文献纪录片，参与电影《边区劳动英雄》的创作。1946年，受命参加东北电影制片厂的创建工作，任“东影”中共总支书记兼艺术处处长。1947年，主持拍摄了17辑新闻纪录电影《民主东北》，[①]编写了新中国第一部木偶片《皇帝梦》的剧本，领导摄制了新中国第一部动画片《瓮中捉鳖》。

新中国成立后，任中央电影局艺术委员会副主任兼艺术处处长。在陈波儿的组织下，仅一年，新中国就拍成《赵一曼》《钢铁战士》《翠岗红旗》等26部故事片和一批新闻纪录片。1950年，在她倡议下，建立了中国第一所电影艺术干部学校，即北京电影学院的前身。1951年11月9日，心脏病突发，在上海去世，后被誉为“人民艺术家”。

更多的时候，陈波儿是以女战士的姿态出现在人们的眼前。关于她的情感经历，人们知之甚少，其实，陈波儿有两段婚姻。

第一段婚姻，陈波儿与任泊生（1909—1990）结婚。任泊生是陈波儿人生旅途中的引路人。任泊生出生在越南，父亲是越南华侨商人，资产丰厚。两人相爱后，在香港举行了婚礼，不久生下儿子任克，后又生下第二个儿子，但小儿子两岁多时患急病夭折，这对陈波儿的打击很大。

第二段婚姻，陈波儿与袁牧之（1909—1978）结婚。陈波儿在香港生活了三年多之后重回上海，在拍摄电影《桃李劫》《生死同心》时，与袁牧之合作配戏非常默契，渐生情愫。后来，陈波儿携子任克去了延安，和丈夫任泊生分开。1946年，陈波儿去重庆走访老友时，得知任泊生已另娶妻，颇受打击。1947年夏，陈波儿与袁牧之结婚。

任泊生，广东东莞人，中国共产党党员。

任泊生少年就读于广州知用中学，省港大罢工时远赴南洋进行反帝宣传。1927年，在武汉加入叶剑英的军事教导团。1928年，加

---

① 每辑包括若干新闻短片，故非故事片的“集”。

入中国共产主义青年团。20 世纪 30 年代，参加左翼文化团体，创办进步刊物。1937 年 3 月，奔赴延安，加入中国共产党，先后在中共中央宣传部、西安八路军办事处、国民革命军第十八集团军办事处、国民政府军事委员会政治部第三厅、新四军等单位工作。1945 年，任中共华中分局联络部副部长。1946 年后，在上海、昆明从事地下工作。1948 年 9 月，在昆明被捕，经组织营救出狱。

新中国成立后，任泊生任民航总局正师级处长。1953 年后，在国务院对外友协、广州市、广东省等部门工作。

1990 年 2 月 9 日病逝，享年 81 岁。

陈波儿是一位不断追求进步的电影人，一位忠于党的文艺事业的好战士，新中国电影事业的创始人和奠基人之一，为中国电影作出了不可磨灭的贡献。她的两次婚姻，也是成功的。

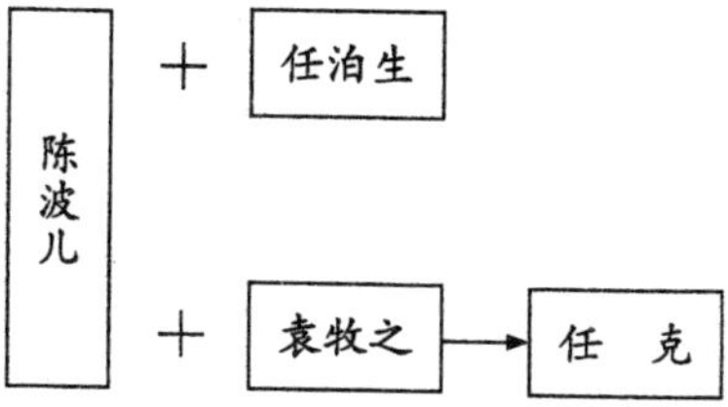

陈波儿婚史图

袁牧之：革命影人两次婚

袁牧之（1909—1978），浙江宁波人，中国现代演员、导演。

14 岁时，袁牧之加入洪深组织的戏剧协社。1934 年，加入电通公司，主演了个人第一部电影《桃李劫》，一举成名。1935 年，出演电影《风云儿女》，编导了个人首部电影《都市风光》。1936 年，与陈波儿联合主演影片《生死同心》。1937 年，编导电影《马路天使》，慧眼独具，大胆起用一直扮演丫鬟的周璇和从未上过银幕的舞台演员赵慧深出演主角，大获成功，被誉为“中国影坛上的一朵奇葩”。

抗战爆发后，离开上海，赴抗日前线，参演了话剧《保卫卢沟桥》。1938 年，主演抗战影片《八百壮士》。不久，受周恩来同志委派，参与根据地的电影筹建工作。1938 年秋，前往延安，组建了“延安电影团”，深入陕甘宁边区、华北抗日根据地拍摄纪录片，编导了解放区第一部大型历史纪录片《延安与八路军》，编写了反映革命根据地新生活的舞台剧《延安三部曲》。

1940 年，袁牧之加入中国共产党。同年夏，受党委派，赴苏联学习，与苏联著名电影大师爱森斯坦（**Эйзенштейн Автобиография/Sergei M. Eisenstein**，1898—1948）共同拍摄过影片，同时也独立导演过纪录影片。1946 年，回国，同夫人陈波儿一起赴东北，接收满洲映画株式会社并组建东北电影制片厂。1949 年 4 月北平解放后，奉命回京，组建中央电影事业管理局，并被任命为局长。1954 年以后，因病长期离职休养。1978 年 6 月 30 日病逝，终年 69 岁。

袁牧之的第一任妻子是陈波儿，两人 1947 年结婚。1951 年，陈波儿因病去世。1955 年，袁牧之与昆曲演员朱心（1934—2009）结婚，育有两女一男：大女袁牧女，小女袁小牧，儿子袁牧男。

袁牧之富有才华，眼光独到，是新中国电影事业的开拓者和奠基人。他的两段婚姻，也是成功的。

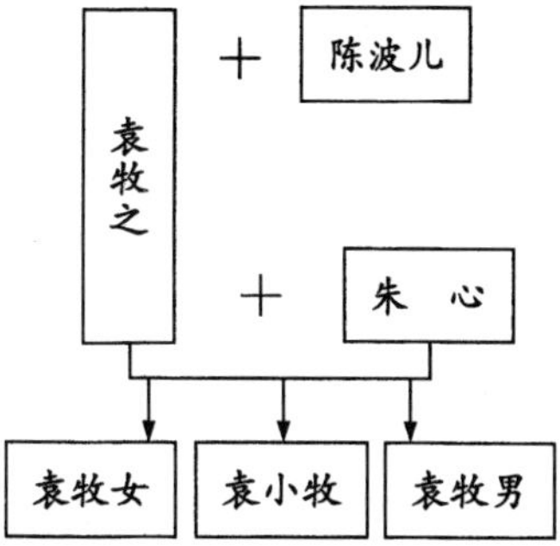

袁牧之婚史及族谱图

范雪朋：侠女“十三妹”，一生两次婚

范雪朋（1908—1974），女，江苏宜兴人，中国现代演员。

范雪朋原名姚雄飞，家境贫苦，小学毕业后便开始当女工。1926年从影，在友联公司主演了第一部影片《娼门之子》，接着主演了《荔镜记》。1927年至1931年，她以“女侠/侠女”的姿态频频在银幕上出现，因在影片《儿女英雄》中饰演主角“十三妹”而走红。此后，又出演了《红楼梦》《林冲》《七剑十三侠》《舞宫春梦》《掌上珠》《红侠》等十几部影片。

1932年“一·二八”淞沪战役后，到南京、天津等地演出舞台剧《啼笑因缘》。1933年冬，与亲友合资创办了强华影片公司，出品并演出了《觉悟》《母亲》《钟声响了》《沦落》《我们的生路》等进步影片。但是，因《沦落》反映当时农村凋敝的悲惨情景，遭到查禁，公司随之倒闭。

1935—1936年，范雪朋加入天一公司，演出了《黎明》《杨柳村》等影片。“天一”被毁后，到香港做了一年录音工作。回到上海后，进入“艺华”，出演了《三笑》《观世音》等影片，多是扮演“母亲”角色，赢得“大众母亲”的雅号。因身体不佳，1942年后息影。

新中国成立后，重返影坛，参演《妇女代表》《归来》《山间

铃响马帮来》《幸福》《雾海夜航》《布谷鸟又叫了》《万紫千红总是春》等十几部影片。1974 年，“文革”期间因肺癌逝世。

范雪朋出生于江南的一个大家族，不幸家道中落，自小就与母亲一起做苦力维生。

范雪朋虽然读书不多，但长得十分漂亮，追求者一直不断，范拜竹就是其一。婚后，范拜竹为她取了“范雪朋”这个名字，她的本名“姚雄飞”也就弃之不用了。范雪朋的演艺事业成功后，范拜竹却与她越来越远，于是，两人离了婚。

离婚后，范雪朋全身心扑在了事业上，成为响彻大江南北的“侠女十三妹”。在拍戏过程中，范雪朋与同事文逸民产生爱情，两人结婚，又合资成立了自己的公司——强华影片公司。不料，几部电影拍出来，大多被禁映，公司因此破产，夫妻二人争吵不休，最终离婚。

晚年，回顾一生，范雪朋悟出，人的一生，最靠得住的只有自己。

文逸民（1890—1978），北京人，中国现代演员、导演。

1925 年，文逸民入上海友联影片公司，导演兼主演了武侠片《儿女英雄》。1934 年，任天一影片公司导演，执导了《舞宫春梦》《母亲》等影片。1939 年，进入艺华影业公司，演出《化身姑娘》《王宝钏》等影片，编导了《神秘夫人》等影片。1943 年，任中华电影联合股份有限公司导演，执导影片《锦绣前程》等。1947 年后赴香港，演出了《国魂》等影片，导演了《风尘尤物》等影片。1965 年赴台湾，出演了《寂寞的十七岁》《今天不回家》《缇萦》等影片。

1978 年 12 月 22 日逝世，享年 88 岁。

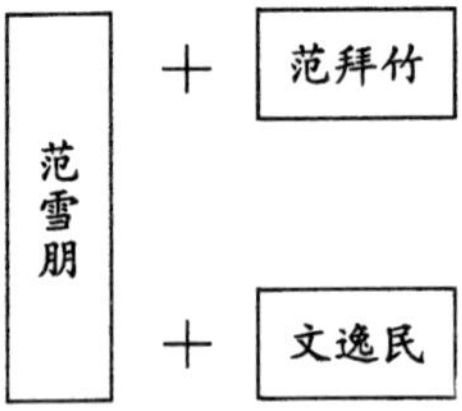

范雪朋婚史图

金山两段婚

金山（1911—1982），江苏苏州人，中国现代著名演员、导演。

1921 年，金山入上海徐汇公学读书，因得罪神父而被开除。后来，在国民革命军第十七教导团当兵。1932 年，加入中国共产党，主办了《远东时报》，成立了东方剧社，后加入左翼戏剧家联盟。1935 年，与赵丹等创建了上海业余剧人协会，同年主演个人首部电影《昏狂》。1936 年，主演爱情电影《长恨歌》、剧情电影《狂欢之夜》。1937 年，主演恐怖电影《夜半歌声》、古装电影《貂蝉》。1942 年，主演话剧《屈原》。1947 年，自编自导抗战电影《松花江上》。1948 年，担任剧情电影《小白龙》、战争电影《哈尔滨之夜》的制片人。1950 年，主演话剧《保尔·柯察金》。1954 年，参演话剧《万尼亚舅舅》。1956 年，执导剧情电影《黄花岭》。1958 年，执导科幻电影《十三陵水库畅想曲》。1959 年，自编自导自演革命电影《风暴》。1978 年，执导话剧《于无声处》，担任中央戏剧学院院长、中国电视艺术委员会主任等职务。1982 年 7 月 7 日，因突发脑出血逝世，终年 71 岁。2005 年，在中国电影诞生 100 年之际，金山入选“中国电影百年百位优秀演员”名单。

金山热爱艺术，有着独特的艺术构思，演技精湛，能够敏锐捕捉人物复杂的性格，着意塑造具有鲜明个性特征的典型人物形象。他在演员、导演、制片人之间自如切换身份，一专多能，全身心投入，为中国电影艺术作出了重要贡献。

金山有两段婚姻。

1942 年，在重庆排演话剧《屈原》时，结识了女演员张瑞芳（1918—2012），两人在剧中分别扮演“屈原”和“婵娟”，进而相恋，结为夫妻。两人在一块儿演戏，能互相欣赏，但作为丈夫，金山却在生活中表现得不负责任，性格要强的张瑞芳最终选择了离婚。

1950 年，在参演话剧《保尔·柯察金》时，金山与孙维世相恋，随后结婚，并生有一女孙小兰。

孙维世（1921—1968），女，四川南溪人，无产阶级战士孙炳文（1885—1927）的女儿，周恩来的养女，中国现代演员、导演，我党培养的第一位戏剧专家，新中国戏剧奠基人之一，代表作有《保尔·柯察金》《钦差大臣》《万尼亚舅舅》等。

“文革”中被迫害致死，年仅 47 岁。

1977 年，平反昭雪。

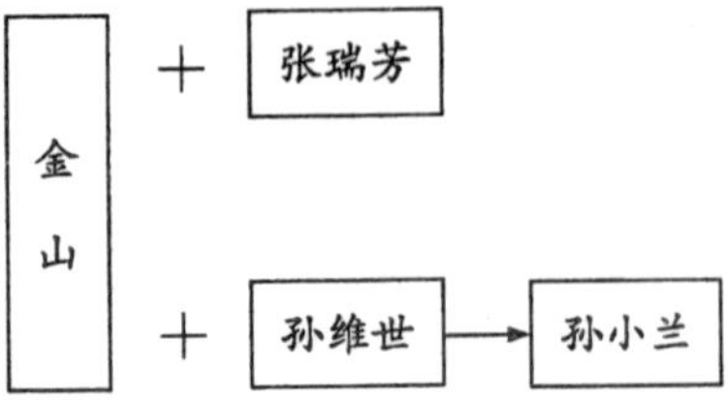

金山婚史及族谱图

张瑞芳：梅开三度

张瑞芳（1918—2012），女，河北保定人，中国现代演员。

张瑞芳从高中起接触话剧。1927 年，出演田汉的话剧《名优之死》。1931 年，出演独幕剧《放下你的鞭子》。1935 年，入北平国立艺术专科学校，学习西洋画，参加戏剧活动。“七七事变”后，参加宣传抗日的战地移动剧团，出演话剧《打鬼子去》《屈原》《北京人》。

1938 年，加入中国共产党，在怒吼剧社、中华剧艺社担任演员。1940 年，参演个人首部电影《火的洗礼》，主演电影《东亚之光》。1946 年，担任长春电影制片厂特约演员，出演电影《松花江上》。

1949 年，先后在北京电影制片厂、中国青年艺术剧院、上海电影制片厂担任演员，担任上影演员剧团团长。1952 年，出演战争电影《南征北战》。1954 年，出演电影《三年》。1956 年，主演电影《家》。1957 年，主演电影《凤凰之歌》。1958 年，主演电影《三八河边》。1962 年，主演电影《李双双》，斩获第二届电影百花奖最佳女演员奖。1964 年，主演电影《李善子》。1976 年，参演电影《年青的一代》。

1979 年，主演电影《怒吼吧！黄河》。1982 年，主演的儿童电影《泉水叮咚》上映。1986 年，出演电影《T 省的八四、八五年》。

1993 年，张瑞芳获得中国电影表演艺术学会特别荣誉奖，2003 年获得该学会终身成就奖。2007 年，获得第 10 届上海国际电影节华语电影终身成就奖、第 26 届中国电影金鸡奖终身成就奖。

2012 年病逝，享年 94 岁。

张瑞芳演戏非常朴实，非常自然，观众感觉她好像完全没有什么演技。其实，这是因为她善于深入生活，认真排练，她自己和角色完全融合在一起。作为演员，她的魅力不是通过自我去表现，而是毫无保留地通过角色去表现，让角色迸发出光彩来，以此征服观众。克服自我和改造自我，在张瑞芳的身上得到了完美交融，造就了她对角色栩栩如生的表演，正如俄国著名导演斯坦尼斯拉夫斯基指出的那样，演员需要把自己培养成为有强烈可塑性的工具，从而在舞台上创造出真实可信的表演。[①]

张瑞芳有三段婚姻。

张瑞芳的第一任丈夫是怒吼剧社的创办人——电力工程师兼业余戏剧家余克稷，不久离婚。

张瑞芳的第二任丈夫是演员金山。1942 年，在重庆排演话剧《屈原》时，她结识了演员金山，由此相恋，结为夫妻。但是，生活中的金山并不像舞台上那么负责任，性格要强的张瑞芳最终结束了这段婚姻。

1952 年，张瑞芳遇见剧作家、书法家严励，两人结婚。1999 年，严励因胃癌去世。此后，张瑞芳单身至终。

---

① ［俄］斯坦尼斯拉夫斯基：《演员的自我修养》，刘杰译，华中科技大学出版社 2015 年版。

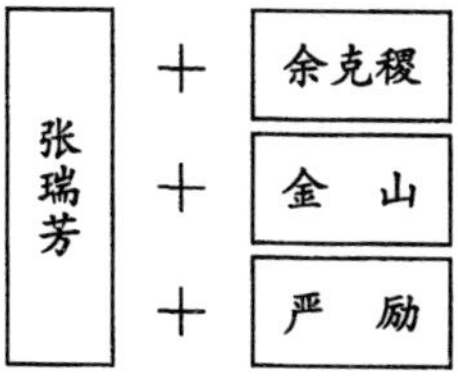

张瑞芳婚史图

陶金：淘得人生真金

陶金（1916—1986），江苏苏州人，中国现代演员、导演。

青年时代，陶金在北平学习绘画和书法。1934 年，18 岁的陶金考入济南戏剧训练班。1935 年，回北平参加中国旅行话剧团，演出了《茶花女》《雷雨》《日出》《复活》等话剧。1936 年，进入电影界，在天一公司主演了电影《黄浦江边》《女同学》。1937 年，主演了影片《杨柳村》。“八一三”事变后，赴后方演出抗战话剧《春寒》《芳草天涯》《蜕变》《新官上任》等。

1937 年，抗战爆发后，在“中制”出演了《胜利进行曲》《青年中国》《日本间谍》《还我故乡》等抗战影片。1947 年，先后主演了《八千里路云和月》和《一江春水向东流》两部影片，引起巨大轰动。1948 年，主演了电影《凶手》。随后，赴香港，主演了《国魂》《山河泪》《火葬》《海誓》四部影片。1949 年，主演了电影《血海仇》，导演了电影《诗礼之家》。

新中国成立后，从香港回到上海，导演了影片《和平鸽》。1954 年，主演电影《宋景诗》。此后，专门从事导演工作，先后导演了《十五贯》《护士日记》《苗家儿女》《二度梅》《齐球将》《斗鲨》等影片。

1981 年春，主演的《一江春水向东流》在美国展映，获得极大成功。同年，导演了影片《两姊妹》。

1986年9月28日，陶金因病逝世，终年70岁。

陶金的艺术成就是天赋与勤奋的结晶，也融入了他对生活的深刻体验。他学习勤奋，常去大图书馆阅览戏剧书籍，丰富自己的知识。抗战年代，他吃尽了战争的苦头，受尽了罪。接触过新旧两个社会，经历过战争与和平，这极大地丰富了他的人生体验与阅历，这些都成了他取之不尽的艺术源泉。因此，陶金在舞台、银幕上才能创造出逼真而动人的艺术形象。

陶金为人诚恳，生活简朴，作风节俭。他不讲排场，不铺张浪费，不计较个人名利，不喜欢出入交际场所，对艺术总是严肃认真，一丝不苟。

1936年，20岁的陶金与女演员章曼苹结婚。婚后，育有女儿陶白莉、儿子陶令昌，一双儿女继承父母之业，都成了电影工作者。

章曼苹（1917—2011），女，江西南昌人，中国现代演员。

1933年，章曼苹肄业于江西九江女子师范学校，演出过《复活》《茶花女》《雷雨》等20余部话剧，被誉为“活四凤”。1936年，入上海明星影片公司，出演了《女权》《清明时节》《压岁钱》等影片，同时演出过《少奶奶的扇子》《日出》等话剧。1937年抗战爆发后，辗转各地，宣传抗日。1940年到大后方，出演影片《青年中国》，演出《放下你的鞭子》《塞上风云》《民族万岁》《棠棣之花》《大雷雨》《夜上海》《重庆二十四小时》《天国春秋》等60部话剧。1948年，出演影片《街头巷尾》《群魔》及《群魔乱舞》《以身作则》《雾重庆》等话剧。1949年，演出《曙光照耀莫斯科》《明朗的天》《考验》《人间乐园》等十余部话剧。1953年，参加赴朝鲜慰问团，演出《妇女代表》《抗美援朝大活报》等话剧。1956 年，参加全国话剧汇演，演出话剧《心花朵朵开》，荣获表演一等奖。1957 年被错划为“右派”。1959 年，调武汉电影制片厂。1962 年，调珠江电影制片厂。1987 年起，定居香港。2011 年，病逝，享年 94 岁。

陶白莉（1936— ），女，江西南昌人，中国现代演员。

1940 年，陶白莉参演个人首部电影《火的洗礼》。1957 年，陶白莉被北京电影制片厂著名导演成荫挑中，主演了银幕处女作《上海姑娘》。“文革”中，陶白莉被赶出福建省话剧团。1978 年，陶白莉参演了由其父陶金执导的电影《斗鲨》。随后，又出演了《小花》《恶梦醒来是早晨》《在这块土地上》《男人们和女人们》《燃烧的婚纱》等电影。

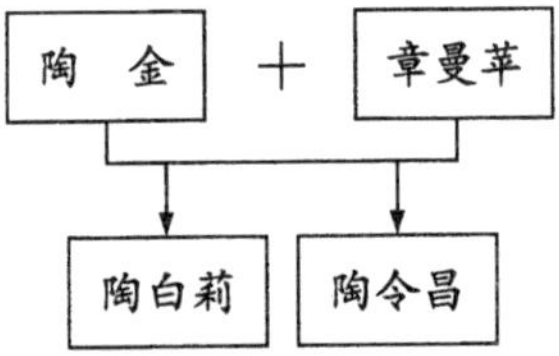

陶金婚史及族谱图

王莹：才华横溢，晶莹无瑕

王莹（1913—1974），女，安徽芜湖人，中国现代演员、作家。

王莹出身穷苦，做过童养媳，又做过护士。1928 年秋，为了躲避军阀追捕，从南京逃到上海，加入了由阿英、夏衍等人领导的上海艺术剧社，这是中国共产党在上海成立的第一个戏剧组织。1930 年，加入中国共产党，积极从事革命活动，参演话剧《炭坑夫》《少奶奶的扇子》《酒后》等。1932 年，参加左翼话剧运动，在明星影片公司主演《女性的呐喊》《铁板红泪录》《同仇》等进步影片。因对电影界腐朽现象不满，1934 年发表《冲出黑暗的电影圈》一文，后赴日留学。1935 年，回国，出演电影《自由神》，获得成功。1936 年，主演夏衍创作的国防戏剧《赛金花》，引起轰动，成为 20 世纪 30 年代中国话剧的奇迹。

抗战爆发后，参与组织救亡演剧二队，到 15 个省巡回演出抗战戏剧。1939 年，任新中国剧社副团长，根据周恩来同志指示，赴香港、新加坡、马来西亚等地演出，为抗日救国募捐。1941 年，为配合全世界反法西斯斗争，在香港参演话剧《马门教授》，后辗转至重庆。

1942 年，王莹和丈夫谢和赓一起，在中共党组织的协作下，以国民党政府“选派留学生”的名义，前往美国学习。王莹先在耶鲁大学攻读文学，后去邓肯舞蹈学校，结交文艺名流，组织在美华裔到美国各地演出抗战戏剧。1943 年，王莹应美国政府之邀，以纯正流利的英文在白宫表演了话剧《元配》和街头剧《放下你的鞭子》，得到美国政商名流欣赏，被誉为“第一个在白宫演出的中国演员”。1946 年，王莹开始 30 万字自传体小说《宝姑》的创作，还将其译成英文。[①] 中华人民共和国成立以后，为了阻止王莹夫妇回国，美国移民局将他们逮捕入狱，在中国政府的严正交涉和周恩来总理的关怀下，二人终于在 1955 年元旦之夜回到北京。

1956 年，调北京电影制片厂，写成纪实性小说《两种美国人》。[②]

“文革”中，王莹受到迫害，冤死狱中，终年不足 61 岁。

1979 年，文化部为王莹平反。

20 世纪 80 年代，王莹遗作《两种美国人》《宝姑》相继出版。

王莹学识广博，多才多艺，以清新隽永的文笔撰写了许多散文、游记和影评，素有“文艺明星”之称。夏衍称赞王莹“耽于阅读，好学深思，文思敏慧，行文细腻，叙事委婉多情”。[③]

王莹一生只有一段婚姻。1950 年 2 月 22 日，王莹与谢和赓结婚。

谢和赓（1912—2006），广西桂林人，中国共产党地下工作者。

1933 年，谢和赓秘密加入中国共产党，奉命打入察哈尔民众抗日同盟军，先后任冯玉祥、吉鸿昌的秘书，后投奔白崇禧，成为其机要秘书。1942 年，被国民政府派往美国留学，为中共从事情报和统一战线工作。1954 年底，被美国移民局逮捕，后被驱逐出境。回

① 王莹：《宝姑》，中国青年出版社 1982 年版。

② 王莹：《两种美国人》，中国青年出版社 1980 年版。

③ 《夏衍电影文集》，中国电影出版社 2000 年版。李润新：《洁白的明星：王莹》，中国青年出版社 1987 年版。

国后，任《世界知识》高级编辑兼欧美组组长。1957 年，被打为“右派”，流放黑龙江，次年在周恩来等人的营救下回到北京。“文革”中受到迫害，入狱多年。1977 年起，在外交部工作直至离休。2006 年病逝，享年 94 岁。

王　莹 ＋ 谢和赓

王莹婚史图

石挥：勇娶娇妻，愤而自杀

石挥（1915—1957），天津人，中国现代演员、导演。

1935 年，石挥在话剧《买卖》中客串“茶坊”，首登舞台，开始演艺生涯。1937 年，在话剧《日出》中扮演“潘月亭”。1940 年，在话剧《家》中饰“高老太爷”。1941 年，主演表现文天祥事迹的话剧《正气歌》。1942 年，主演话剧《秋海棠》；同年，主演的剧情电影《乱世风光》首映。1944 年，编导话剧《机器人》，主演话剧《林冲》。1945 年，主演改编自莎士比亚《麦克白》的话剧《乱世英雄》。1947 年，主演的爱情喜剧电影《假凤虚凰》上映。1948 年，编导个人首部电影《母亲》。

1950 年，自导自演的剧情电影《我这一辈子》上映。1951 年，自编自导自演战争片《关连长》。1953 年，执导儿童片《鸡毛信》，获得巨大成功。1955 年，执导神话题材黄梅戏电影《天仙配》。1957 年，自编自导最后一部电影《雾海夜航》；同年，被打成“右派”，11 月 20 日下午，石挥乘船出海，此后便下落不明。1959 年确认死亡。

石挥在拍摄影片《母亲》时，认识了京剧花旦童葆苓，逐渐产生爱情。由于石挥比童葆苓大十五六岁，起初童家不接受石挥，但在童葆苓的坚持下，1953 年二人终于成婚。这段年龄悬殊的婚姻，成了石挥被打成“右派”的主要理由。石挥遭受了 5 个多月的折磨，但始终坚信自己的婚姻是真爱，没有问题。1957 年 11 月 20 日下午，他跳海自杀，以死明志。1979 年，上海电影制片厂为石挥平反。

“粉身碎骨浑不怕，要留清白在人间”，石挥从把自己的名字“石毓涛”改为与“石灰”同音的“石挥”那天起，心中时刻都在默念明代诗人于谦这首《石灰吟》。石挥的一生尤其结局，也足以印证这两句诗就是他人格与精神的写照。①

童葆苓（1930？—　），女，江西南昌人，中国现代京剧演员。

童葆苓得尚派创始人尚小云亲传，花衫、刀马旦兼工，常演《汉明妃》《佘赛花》《穆桂英》等剧目，在上海有一定的名气。嫁给石挥后，出演过几部电影。

童葆苓兄妹共五人，都是京剧演员，她与童侠苓、童寿苓、童芷苓、童祥苓组成“童家班”，名扬京剧界。

石挥自杀后，童葆苓于 1961 年改嫁著名戏剧家马彦祥（1907—1988），成为其第五任妻子，陪他到老。

马彦祥的首任妻子是女作家沉樱（1907—1988），第二任是比他小 13 岁的女演员白杨（1920—1996），第三任是比他小十几岁的女学生林斐宇，第四任是比他小 21 岁的京剧旦角云燕铭（1927—2010）。马彦祥在圈内外号称“结婚狂人”，真正做到了人生如戏，戏如人生，戏人合一。

---

① 魏绍昌：《石挥谈艺录》，上海文艺出版社 1982 年版。

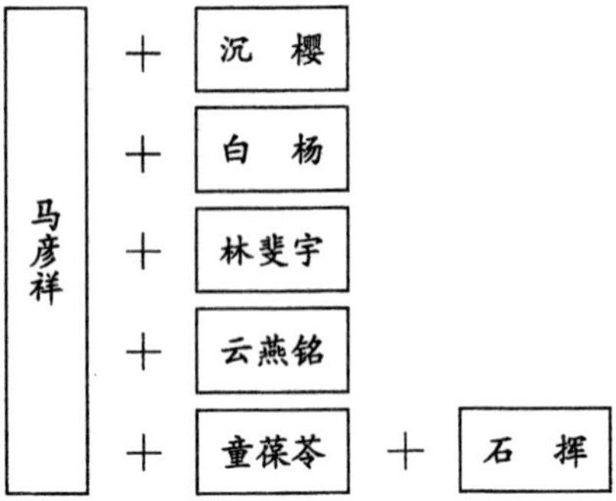

石挥婚史图

（马彦祥婚史图）

刘琼情系《阿诗玛》

刘琼（1912—2002），湖南湘阴人，中国现代演员、导演。

少年求学时，刘琼就对表演产生极大的兴趣，在校组建了“春秋剧社”，积极演出。大学还没毕业，就经金焰介绍，加入联华影片公司。1937 年，演出《文天祥》等话剧。1938 年，在新华公司的电影《武松与潘金莲》中扮演西门庆，一举成名。1938 年至 1941 年，出演了《离恨天》《金银世界》《杜十娘》《乱世佳人》《生死离别》《文素臣》《家》《洞房花烛夜》等十多部影片，走红影坛。1942 年，主演《蝴蝶夫人》等影片。1943 年，主演《长恨歌》《蔡松坡》《海国英雄——郑成功》等话剧。

抗日战争胜利后，重返电影界，主演了《忠义之家》《大地回春》《不了情》等几部影片。1948 年，赴香港，出演《国魂》《大凉山恩仇记》《火凤凰》《神·鬼·人》等影片。20 世纪 50 年代起，尝试做导演，执导了《豪门孽债》《青春颂》两部影片，又与人合导了《方帽子》《青春之歌》二片。

1952 年，因参加爱国活动被香港当局驱逐出境，回到上海，任上海电影制片厂演员，出演《海魂》《女篮 5 号》《牧马人》《死神与少女》《梦非梦》等影片。1956 年后，导演了《女驸马》《乔老爷上轿》《51号兵站》《阿诗玛》《李慧娘》等影片。其中，《阿诗玛》是一部优秀的少数民族影片，1982年在西班牙主办的第三届国际音乐舞蹈电影周上荣获最佳舞蹈片奖。1988年，获中国电影金鸡奖表演特别奖。

2002年4月28日，因病逝世，享年89岁。

刘琼有两段婚姻。

他的第一任妻子是影星严斐。婚后，由于第三者干扰，且一直无子女，两人协议离婚。

第二任妻子是演员狄梵，二人志同道合，甘苦与共，厮守至老。

刘琼的两任妻子及其亲属，都是演艺圈中人，他长期被遮蔽，被淹没，观众记不住他。刘琼也演过不少电影，但只有提起《阿诗玛》，观众才会想起他。

严斐（1916—2014），女，北京人，中国现代演员。

严斐8岁就参演蔡楚生导演的影片《王老五》，开始艺术生涯。少女时代，考入黎锦晖创办的明月歌舞剧社。新中国成立前，参演了话剧《复活》《海国英雄》《葛嫩娘》《秋海棠》《蜕变》，参演了电影《山河泪》《再生年华》等。新中国成立后，严斐成为天津人艺第一代资深演员，出演了《龙须沟》《雷雨》《钗头凤》《家》《骆驼祥子》《日出》《闯江湖》等话剧。退休后，仍活跃在荧屏和舞台上，参演了《三不管》《笑星酒家》《市民天秀》《大虎》《又娶媳妇又过年》等多部电视剧。80多岁高龄，仍登台出演话剧《好大一个家》中的“老奶奶”。

严斐是作曲家严华（1912—1992）的妹妹，严华是周璇的前夫。严斐还有个比他小一岁的侄子，电影演员、导演严俊（1917—1980）。

狄梵（1920—2012），女，安徽芜湖人，中国现代演员。

狄梵原名严恒瑜，毕业于上海培成女中。1941 年，进入艺华公司，演出电影《复活》。1948 年，赴香港，先后出演《神 · 鬼 · 人》《火凤凰》等影片。1952 年初，回到上海。1953 年，任上海电影制片厂演员，此后十几年先后出演了《复活》《水上人家》《豪门孽债》《火凤凰》《神 · 鬼 · 人》《湖上的斗争》《家》《羊城暗哨》《聪明的人》等多部故事影片，因在电影《羊城暗哨》中塑造女特务“八姑”而被人广为称道。1994 年，出演《红帽子浪漫曲》一片后，逐渐退出影坛。

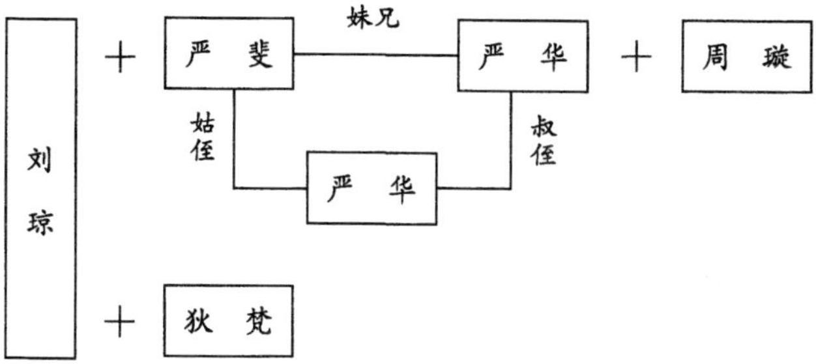

刘琼婚史图

严俊："千面小生"三段情

严俊（1917—1980），北京人，中国现代演员、导演。

严俊原名严宗琦，曾就读于北平辅仁大学、上海大厦大学，早年是话剧演员。1938年，入上海国华影片公司，出演《新地狱》等影片。1939年，入上海剧艺社，演出多部话剧。1942—1948年，主演《母与子》《出卖影子的人》等影片。1949年，赴香港，先后主演《荡妇心》《一代妖姬》《说谎世界》《一刻春宵》等影片。

1953年，演而优则导，严俊首次执导电影《巫山盟》。此后，共执导近50部电影，有《翠翠》《阎惜姣》《秦香莲》《万古流芳》等。其中，《万古流芳》荣获第十二届亚洲影展"最佳影片"奖。因戏路广阔，故有"千面小生"之称。

1972年退出影坛，移居美国。1980年8月18日，在美国病逝，终年63岁。

严俊的第一任妻子是话剧演员梅村。后来，曾与女演员林黛（1934—1964）相恋。1959年，与"影坛常青树"李丽华（1924—2017）结婚。

梅村（1921—　），女，山东济南人，中国现代演员、导演。

1938年，梅村加入上海剧艺社，演出多部话剧。1949年10月，进入广播界，先后在上海人民广播电台、中央人民广播电台的广播剧团演播了《蜕变》《寄生草》《阿Q正传》《正在想》《曙光照耀莫斯科》《方珍珠》《钗头凤》等多部广播剧。

1957年，担任中国电视剧制作中心导演，与胡旭联合导演了我国第一部电视剧《一口菜饼子》。同年，在广播剧《北京人》里演播“思懿”，获得好评。她参与导演或独立导演的电视剧还有《耕云记》《一打手套》《一家人》《小明为什么做不出算术》《长发妹》《球迷》《红缨枪》《虾球》《莫里生案件》《岭上人家》《相亲记》《顶天岭》等20多部。

梅村是新中国广播电视艺术的奠基人之一。

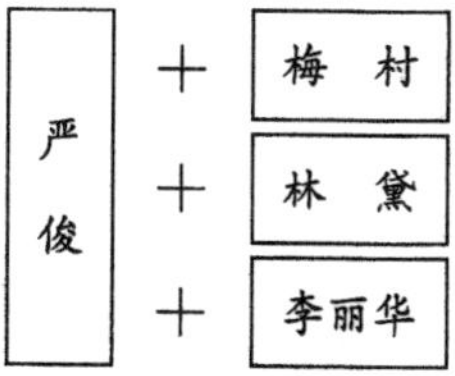

严俊婚史图

林黛：两度婚姻，英年自杀

林黛（1934—1964），女，广西南宁人，中国现代演员。

林黛原名程月如。为躲避战乱，1948 年，从南京赴香港，求学于新亚书院。1951 年，其个人写真照引起长城影片公司负责人袁仰安的注意，被吸收为该公司基本演员。1952 年，在严俊的推荐下，改投永华影业公司，出演个人首部电影《翠翠》，一举成名。1953 年以后，先后为“电懋”和“邵氏”出演《梅姑》《乱世妖姬》《金凤》《菊子姑娘》多部影片，成为炙手可热的红星，其中，主演的《红娃》在香港打破国语片票房纪录。1957 年，林黛凭借《金莲花》一片斩获第四届亚洲影展女主角奖。1958 年，凭《貂蝉》一片第二次夺得亚洲影展女主角奖。1959 年，主演《江山美人》《云裳艳后》《嬉春图》等影片。

林黛两夺亚洲影后，片约不绝。为了不断提高自己的演技，于 1957 年 12 月赴美国哥伦比亚大学戏剧系，深造了几个月。在美国，林黛接受了《美国之音》和《纽约时报》的采访。

1961 年，林黛正式加盟“邵氏”，凭《千娇百媚》一片第三次夺得亚洲影展女主角奖。1962 年，又凭《不了情》一片第四次摘取亚洲影展女主角奖。四膺影后，不仅为林黛个人艺术生命写下光辉的篇章，更是中国电影史上前所未有的成就。从此，林黛蜚声国际。1962 年，由她主演的《白蛇传》公映，再次打破了香港华语片票房纪录。

1964 年 7 月 17 日，林黛突然自杀身亡，香消玉殒，年仅 30 岁。

1966 年，林黛遗作《蓝与黑》荣获第十三届亚洲影展颁发的特别纪念奖。

林黛的父亲为著名爱国人士程思远（1908—2005），母亲为蒋秀华。

林黛有过两段婚姻，均不成功。

第一段，林黛与导演严俊相恋，当时林黛 18 岁，严俊 35 岁，二人在影片《梅姑》中合作默契，很自然地坠入情网。可惜，这段婚姻只维持了四年，因生活习性差异太大，最终离婚。

第二段，林黛在美国哥伦比亚大学当了几个月戏剧系的旁听生，邂逅"云南王"龙云的五公子龙绳勋（1930—2007），二人于 1961 年 2 月 12 日结婚。1963 年，生下儿子龙宗瀚。林黛的这次婚姻，委身政客，这或许是她像林黛玉那般玉碎花谢的根本原因吧。

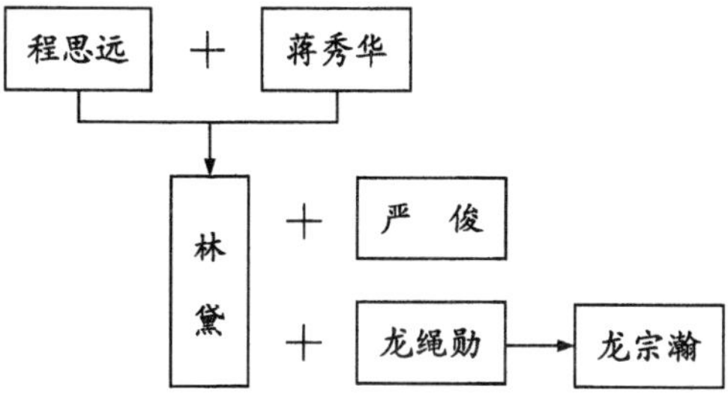

林黛婚史及族谱图

李丽华：影坛常青树，一生两段情

李丽华（1924—2017），女，上海人，中国现代著名演员。

李丽华自幼拜师京剧名宿穆铁芬、章遏云门下，12 岁移居北平，16 岁入上海艺华影片公司。1940 年，因主演电影《三笑》，一举成名，后在该公司又主演了《千里送京娘》等 17 部影片。1942—1945 年，主演《春江遗恨》等影片。1946 年，主演讽刺喜剧片《假凤虚凰》。1948 年，赴香港，主演了《说谎世界》《误佳期》《拜金的人》《红玫瑰》《雪里红》等影片。1954 年，创办丽华影片公司，拍摄《一鸣惊人》等影片，反响平平。1955 年，主演了香港第一部彩色电影《海棠红》。1957 年，与严俊合组金龙影片公司，出品了《游龙戏凤》等影片。20 世纪 60 年代，在香港主演《武则天》《杨贵妃》《万古流芳》等电影。1968 年，赴台湾，主演了《扬子江风云》等影片，获第七届金马奖最佳女主角奖。1978 年，在台湾主演影片《新红楼梦》及电视连续剧《圣剑千秋》。

李丽华一生共拍摄影片 120 余部。2015 年 8 月，获第 52 届台湾金马奖终身成就奖。2016 年 1 月，获第 35 届香港电影金像奖终身成就奖。

2017 年 3 月 20 日逝世，享年 93 岁。

李丽华的戏路十分宽广，能胜任各种角色。尽管所饰演的角色之间差异很大，但无论演什么人物，她都显示出过人的表演功力，在银幕上塑造了一大批鲜活生动的人物形象，深受好评。

李丽华形象佳，女人味十足，为人圆熟，人缘好，气场强。在美国好莱坞拍戏时，拒绝与美国男演员拍吻戏，显示出做人的原则与一定的民族气节。

李丽华出身梨园世家，父母都是我国著名的京剧名角，父亲是享誉南北的著名小生李桂芳，母亲是专攻老旦的张少泉。

李丽华一生经历了两段婚姻。第一段，1947 年，她在上海认识泰丰百货“太子爷”张绪谱，与之结婚，生下一女，后因夫妻两地分居而无奈离婚。第二段，李丽华与导演严俊于 1957 年在香港结婚，两年后赴美国产子，定居。1980 年，严俊病逝，李丽华单身至终。

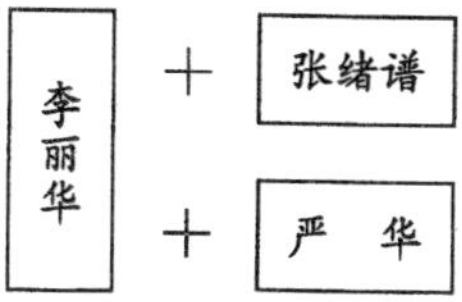

李丽华婚史图

马徐维邦：恐怖源自命苦[①]

马徐维邦（1901—1961），浙江杭州人，中国现代导演、编剧。

1924年，马徐维邦进入上海明星公司担任美工；同年，客串出演了爱情电影《爱情与虚荣》。1925年，主演了剧情片《上海一妇人》。1926年，编导个人首部电影《情场怪人》，并担任主演。1929年，编导了犯罪惊悚片《混世魔王》。1934年，出演剧情片《骨肉之恩》。1937年，编导爱情恐怖片《夜半歌声》，获得巨大成功。1938年，编导惊悚悬疑电影《古屋行尸记》。1941年，编导爱情恐怖片《夜半歌声续集》。1944年，执导电影《火中莲》。

1947年，前往香港发展。1949年，编导剧情片《琼楼恨》。1952年，执导犯罪电影《狗凶手》。1954年6月，参与执导的战争电影《碧血黄花》上映。1957年1月，编导的剧情片《复活的玫瑰》上映。1961年10月，执导的恐怖电影《毒蟒情鸳》上映。

1961年2月14日，马徐维邦在领取救济金的路上，因车祸身亡，卒年60岁。

---

① 《我的爷爷马徐维邦——写在中国电影诞生百年之际》，《黑龙江日报》，2005年11月29日。

马徐维邦原名徐维邦，幼年父母双亡，被其父的一位好心朋友收养。在美专读书时，马徐维邦与商贾之女马素贞相爱，马家无子，要求徐维邦入赘，所以，他在“徐”前加上“马”，改名马徐维邦。1921年3月10日，两人结婚。为了不断马徐两家血脉，双方商定子女中择一人姓徐，所以，子女分别取名为长子马承镳、女儿马承莺，三子徐承钟、四子马承铨。

马徐维邦性格内向，沉默寡言，却开创了中国电影恐怖片之先河，这根源于他内心的苦与痛。

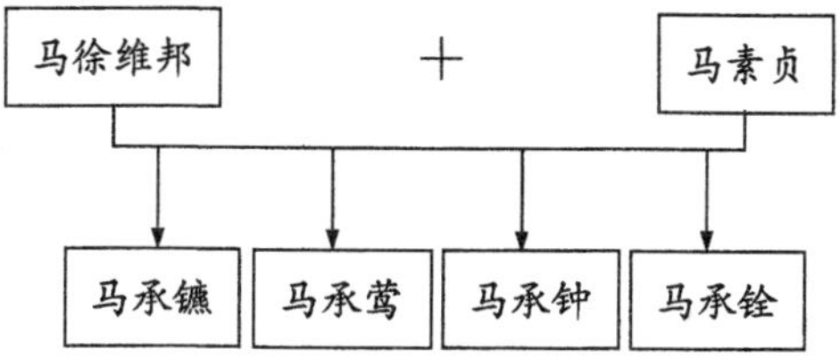

马徐维邦婚史及族谱图

沈西苓：追求自主两度婚

沈西苓（1904—1940），浙江德清人，中国现代导演、演员。

沈西苓毕业于浙江甲种工业学校（今浙江理工大学）。毕业后东渡日本，进入京都高等工业学校染织图案系就读，其间开始接触戏剧。1928 年，回国，在上海投身左翼文艺运动，加入创造社，在上海美术专科学校、中华艺术大学任教。1930 年，与鲁迅等联名发起成立中国左翼作家联盟，与夏衍、冯乃超等共同编辑出版左翼戏剧刊物《艺术》，但很快便遭国民党反动政府查禁。

1931 年，在“天一”和“明星”影业公司任职。1933 年，执导个人首部电影《女性的呐喊》。1934 年，执导剧情电影《女儿经》。1935 年，由其自编自导的爱情电影《船家女》上映。1937 年，自编自导剧情电影《十字街头》，引起较大反响。1939 年，执导剧情电影《中华儿女》。

1940 年 12 月 17 日，沈西苓在重庆病逝，年仅 36 岁。

沈西苓始终怀着对祖国的忠诚和热爱，追求进步，追求新文化，用电影反抗残酷与黑暗的统治，用艺术鼓励普通民众勇敢斗争，由此形成了现实主义、爱国主义和人道主义交融的鲜明电影风格。他的几部电影，反映了现实中的社会矛盾与阶级对立，通过贫富悬殊的对比来揭示社会的不公，以唤起大众的觉醒与反抗。在艺术上，他注重运动镜头，大量使用移动摄影，视点多变，追求画面的自然与流畅。而且，他还注重画面的叙事性，镜头里富含细节，场景信息充沛，倾向明确。沈西苓是中国早期电影史上少见的注重视听语言的导演。

沈西苓有两段婚姻。第一段，1931 年，沈西苓在杭州与一位徐姓女子结婚，由家长包办，徐氏是他的同乡，丝厂工人。婚后，因缺乏共同语言，长期分居。第二段，1937 年，沈西苓在上海与同为电影工作者的无锡女子孙德结婚，并生下一女。

沈西苓的这两段婚姻，在那个年代最普遍，最常见。来自老家，由父母物色的这种女子大多思想守旧，与接受了新思想、见过大世面的进步男子必定长久不了。

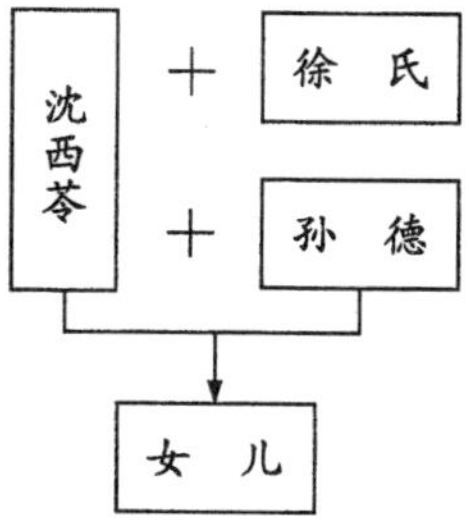

沈西苓婚史及族谱图

谈瑛与程步高：戏里戏外步步高

谈瑛（1915—2001），女，上海人，中国现代演员。

谈瑛原名谈素珍，小学就开始表演《麻雀与小孩》等剧，常参加歌舞比赛，肄业于上海民立女子中学。1931 年，从影。1932—1935 年，在联华影业公司主演了《失足恨》《暴雨梨花》等电影。1936—1937 年，在明星影片公司主演了《小玲子》《夜奔》等影片。1938 年后，在新华影业公司主演《麻疯女》《夜半歌声（续集）》等影片。1947 年，任"中电二厂"演员，出演《衣锦荣归》等影片。1949 年，赴香港，参演《牛鬼蛇神》《乾隆下江南》等影片。2001 年 2 月 3 日逝世，享年 87 岁。

谈瑛是一个非常独特的女演员，因为她常把生活中的经历变成银幕上的故事，处女作《失足恨》就改编自她的一段真实恋情。她演的影片，她的笑，她的愁，她神秘性感的气息，她独一无二的"黑眼圈"，总会让人过目不忘。在 20 世纪 30 年代的电影圈，她闹出一桩桩轰动新闻，令娱乐报刊及市民大跌眼镜。谈瑛做事前卫，无所顾忌，让人惊愕不解，有"神秘女郎"之称。

谈瑛曾与建筑师顾宝森相恋，后以一场"诱奸罪"的官司无果而终。后来，她与导演程步高结婚，一直到老。

程步高（1898—1966），浙江嘉兴人，中国现代导演。

1924年，程步高导演了个人第一部影片《水火鸳鸯》，后又导演了《空门贤妇》《飞剑女侠》等片。1928年，入明星影业公司，导演了近40部影片，并对我国电影录音技术从蜡盘配音进步到胶片录音有所贡献。“一·二八”淞沪战役时，率摄影师赴前线摄制新闻纪录片《上海之战》。1933年2月，导演了电影《狂流》《春蚕》，剪修了影片《民族生存》，又导演了《同仇》《女儿经》《华山艳史》《到西北去》《热血忠魂》《新旧上海》《夜奔》等进步影片。在他导演的影片中，《狂流》和《春蚕》在中国电影史上占有重要地位，影响巨大。

1936年，上海电影界救国会成立，程步高任执行委员。抗战爆发后，参加中国电影制片厂工作。抗战胜利后，继续从事电影编导。

1947年，去香港，至1961年共导演了20部影片。

晚年，编写了15万字的《影坛忆旧》[①]，留下中国电影发展史上的珍贵资料。

1966年6月，病逝于香港。

谈瑛 ＋ 程步高

谈瑛婚史图

① 程步高：《影坛忆旧》，中国电影出版社1983年版。

郑君里：正人君子，表里如一

郑君里（1911—1969），广东香山人，中国现代著名导演、编剧、电影理论家。

1918年，郑君里入私塾读书，后在广肇义学和岭南中学读书。1928年，入田汉等创办的上海艺术学院戏剧科学习。1929年，在南国社参演话剧《莎乐美》，这是他第一次登台演出；同年，与陈白尘等倡导“学校戏剧运动”，创办戏剧半月刊《摩登》。1930—1931年，在“摩登剧社”演出莫里哀[①]的话剧《悭吝人》，参与左翼戏剧家联盟的成立工作，参与组织“大道剧社”。

1932年，入联华影业公司，主演爱情电影《火山情血》。1933年，出演励志电影《奋斗》。1934年，出演战争电影《大路》、剧情电影《人生》。1934年，出演剧情电影《骨肉之恩》。1935年，主演剧情电影《新女性》《天伦》《国风》。1936年，主演剧情电影《迷途的羔羊》《孤城烈女》，论文《现代中国电影史略》被收入《近

---

① 莫里哀（Molière，1622—1673），原名Jean Baptiste Poquelin，法国喜剧作家、演员、戏剧活动家。“Molière”是他的艺名，法语意为常春藤，寓意艺术生命常青。

代中国艺术发展史》[①]一书。1937年，翻译了斯坦尼斯拉夫斯基表演体系代表作《演员的自我修养》的第一、二章，以《一个演员的手记》为题在《大公报》发表；翻译并出版了苏联戏剧家理查德·波列斯拉夫斯基的专著《演技六讲》[②]。

抗战爆发后，参加上海救亡演剧三队，担任队长；主演剧情电影《慈母曲》《摇钱树》。1938年，主演剧情电影《艺海风光二：话剧团》。1939年，发表论文《论抗战戏剧运动》。1940年，主演了战争电影《东亚之光》；同年，在重庆加入中国电影制片厂并担任新闻影片部主任，拍摄抗战长纪录片《民族万岁》。1943年3月，编译的专著《演员的自我修养》（第一部）出版，在《戏剧月报》上发表论文《演员与角色》。

抗战胜利后，回到上海，担任昆仑影业公司编导委员会委员。1944年，郑君里得知赵丹、王为一、朱今明等在新疆被反动军阀盛世才囚禁后，撰写了《怀人之什》一文，发表在《新民晚报》副刊《电影与戏剧》上。1947年，与蔡楚生联合编导剧情电影《一江春水向东流》，获得巨大成功；同年，由其创作的理论专著《角色的诞生》出版。1949年，参与电影剧本《乌鸦与麻雀》的集体创作，后单独执导了该片，获文化部优秀影片一等奖、个人一等奖。

1951年，编导剧情电影《我们夫妇之间》；同年，写成论文《我必须痛切改造自己》。1953年，执导纪录片《人民的新杭州》《光

---

① 此书由良友图书印刷公司1936年出版，收录研究工艺美术、音乐、绘画、戏剧、电影共5种艺术的论文多篇，作者包括李朴园、李树化、梁得所、杨邨人、郑君里，具有一定的学术价值。

② 理查德·波列斯拉夫斯基，英文名Richard Boleslavsky（1889—1937），出生于波兰华沙，美国导演。他的原著，由郑君里1937年译出并发表。当代学者吉晓倩对此版予以译审及增删，推出《演技六讲：创造角色的灵魂》，郑君里、吉晓倩译，四川人民出版社2017年版。

荣的创造》。1955 年，与孙瑜联合执导历史电影《宋景诗》。1959 年，与岑范联合执导由赵丹主演的历史电影《林则徐》；执导由赵丹主演的电影《聂耳》，获得捷克第 12 届卡罗维发利国际电影节传记片奖；执导了剧情电影《旭日东升》。1961 年，执导剧情电影《枯木逢春》。1965 年，执导剧情电影《李善子》。

“文革”中，郑君里遭到迫害，1969 年 4 月 23 日，含冤逝世，终年 58 岁。

1979 年，郑君里遗作《画外音》出版。[①]1995 年，郑君里获得中国电影世纪奖最佳导演奖。2016 年，《郑君里全集》出版。[②]

郑君里是少见的具有较高学术成就的电影导演，是中国第三代导演中最具理论水平的人。他的诸多影片，在人物刻画、场面调度、镜头运用乃至细节处理上都体现出其对电影特性的深刻理解力和准确表现力。他擅长群众演员的场面调度，常将人物分布在银幕的前景、中景、后景，充分利用景深，配合着摄影机的升降，将室内外空间拓展得丰富生动，淋漓尽致，彰显出自觉的探索精神和较强的文化自信。

郑君里一生只有一次婚姻。1936 年 10 月 25 日，郑君里与黄晨结婚。婚后，育有一子郑大礼。二人相伴一生，恩爱至老。

郑君里的老友孙瑜也是一生一婚。

孙瑜（1900—1990），重庆人，中国现代著名导演、编剧。

---

① 中国电影出版社，1979 年 8 月第 1 版。

② 李镇主编：《郑君里全集》，上海文化出版社 2016 年版。

孙瑜原名孙成玙。1914 年，考入天津南开中学补习班，与周恩来成为同学。1919 年，考入清华学校高等科。1923 年，公费赴美留学，入麦迪逊威斯康星州立大学学习文学与戏剧，后转入纽约摄影学院、哥伦比亚大学、比拉斯哥戏剧学院学习。1926 年，毕业回国。1928 年，执导个人首部电影《渔叉怪侠》。1934 年，执导剧情电影《体育皇后》。1936 年，由其执导的剧情电影《到自然去》上映。1940 年，执导剧情电影《长空万里》。1945 年，担任中国电影制片厂驻美代表。1950 年，由其执导的电影《武训传》上映。1955 年，与郑君里联合执导历史电影《宋景诗》。1957 年，与蒋君超联合执导剧情电影《乘风破浪》。1960 年，执导戏曲片《秦娘美》。1966 年，“文革”爆发，因《武训传》受到批判。1982 年，编写的《李白诗新译》由商务印书馆出版。1987 年，自传《银海泛舟——回忆我的一生》出版。[①]1990 年，自传《大路之歌》在台湾出版，[②]同年 7 月 11 日逝世，享年 91 岁。

孙瑜是一个使命感和责任感很强的知识分子，他的电影主要宣扬救国救民。孙瑜依靠恣肆汪洋的想象力，通过完整、连贯、娴熟的剪辑，营造出富于激情的浪漫主义气息，又显现出一定的现实主义的悲观情调，形成了独特的个人风格，是典型的作者电影。

孙瑜的儿子孙栋光（1941—2018），子承父业，成为电影演员、导演，但成就远不如其父。

---

① 上海文艺出版社，1987 年 5 月第 1 版。

② 台湾远流出版社。

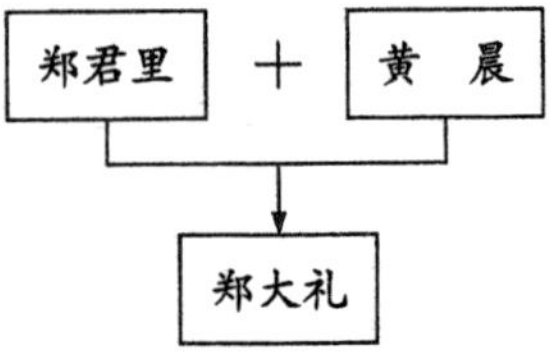

郑君里婚史及族谱图

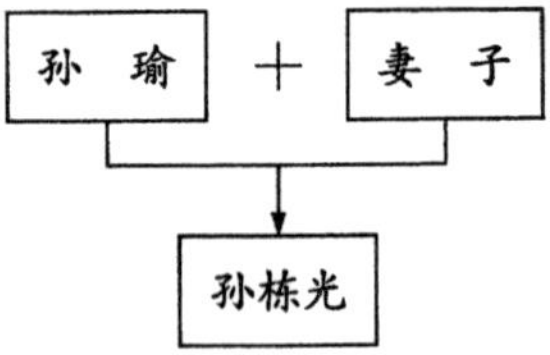

孙瑜婚史及族谱图

岑范与夏梦：同行未同行，人生南柯梦

岑范（1926—2008），广西西林人，壮族，中国现代演员、导演。

岑范出生于上海，1939年，举家迁到南京。在所读中学的联欢晚会上，他反串扮演了《南归》中一个女孩子，引起注意。以后几年，常有业余剧团请他去客串。为了提高演技，他大量观摩世界各国的优秀电影。1945年，肄业于中央大学经济系，不久，写成第一个剧本《手足情深》。

1946年，应导演朱石麟之邀，去香港南洋影业公司拍片，参演《同病不相怜》。随后六年，跟随朱石麟出演了《血染孤城》《蝴蝶梦》《生与死》等十多部影片，并在《春之梦》《玉人何处》《清宫秘史》《春风秋雨》等影片中任副导演，还编写了《血染孤城》《生与死》《琼楼恨》等电影剧本。

1952年，到北京，任解放军八一电影制片厂导演。1954年，任北京电影制片厂副导演、导演，完成了《梅兰芳舞台艺术》《洛神》《群英会》《雁荡山》等影片。1957—1972年，任上海海燕电影制片厂、上海电影制片厂导演，先后导演了《群英会》《借东风》《红楼梦》《祥林嫂》《阿Q正传》《碧水双魂》《闯江湖》《梦非梦》等影片，与郑君里合作导演历史片《林则徐》，还编导了电视剧《洒

向人间都是爱》《曹雪芹》等。其中，《阿Q正传》最为出色，取得巨大成功，获1983年葡萄牙第十二届菲格拉达福兹国际电影节评委奖。

2008年1月23日病逝，享年82岁。

1951年，26岁的岑范与17岁的女演员夏梦共同主演电影《禁婚记》，一炮打响。一对年轻人在拍戏中萌生爱情，很快成了恋人。那一年，新中国成立已一年多，岑范决定返回内地，夏梦决定与之同行，但却无法办妥回内地的证件，二人含泪分别，此后只能书信传情。

1955年，夏梦到北京，找到岑范，两人在北海公园见了面。然而，阴差阳错，这对恋人最终未能携手。因为，一年前，1954年，夏梦刚结婚。往后，两人只能做兄妹了。

岑范始终觉得，天下女子，只有夏梦是最好的，无人能及。著名导演李翰祥（1926—1996）、著名武侠小说家金庸也暗恋夏梦多年，对其美丽、聪慧与善良颇为赞赏，倾慕不已。

为了夏梦，岑范终身不娶，孤单一生。

夏梦（1933—2016），女，江苏苏州人，中国现代著名演员、制片人。

夏梦原名杨濛，出生于上海，父母都爱好戏曲，从小受到家庭良好的艺术熏陶。

1947年，夏梦随家人迁居香港。1950年，由长城影业公司总经理袁仰安（1905—1994）之女袁经绵（艺名“毛妹”）引介，签约该公司，主演个人首部电影《禁婚记》，崭露头角。1953年，主演的古装片《孽海花》参展英国爱丁堡国际电影节。1954 年，主演了电影《都会交响曲》《姊妹曲》。1956 年，加盟凤凰影业公司。1957 年，由著名武侠作家金庸为其量身制作的古装片《绝代佳人》，获中国文化部优秀影片荣誉奖。1960 年，反串演出越剧戏曲片《王老虎抢亲》，主演的古装悲剧片《同命鸳鸯》在香港国际电影节备受赞赏。1962 年，主演越剧戏曲片《三看御妹刘金定》。1964 年，主演的电影《金枝玉叶》《故园春梦》上映。

“文革”中，长城公司遭受重创。1966 年，主演《迎春花》后，宣布息影。1967 年，移民加拿大。

1979 年，夏梦受邀出席全国文代会。随后，与人合股创办青鸟电影制片有限公司，担任总监制，出品了电影《投奔怒海》，于 1982 年上映，一举夺得第二届香港电影金像奖最佳影片、最佳导演等多项荣誉。

1984 年，夏梦监制的电影《似水流年》，获第四届香港电影金像奖最佳影片、最佳导演奖。

2016 年 10 月 30 日，夏梦去世，享年 83 岁。

夏梦一生共出演电影 30 余部，其中，为长城公司出演 18 部，为凤凰公司出演影片 10 部。夏梦身材高挑，艳而不媚，贞静平和，娴雅大方，擅演擅唱，戏路宽广，是华语片罕见的全能演员。夏梦才貌双全，有良好的教养，语通中外，学及古今，博览群书。然而，夏梦最令人尊敬的是一贯冰清玉洁，出淤泥而不染，平生没有任何绯闻，这在女演员中十分难得。夏梦是 20 世纪五六十年代香港左派电影辉煌时期的典型代表。

夏梦曾与导演岑范相恋，但因政治原因分居两地，未能结婚。他们虽是电影同行，但未能结为夫妻，同行一生，人生轨迹各不相同。

1954年，夏梦主演的影片《姊妹曲》拍摄期间，做纺织生意的青年商人林葆诚到现场去看夏梦拍戏，恰巧该片缺一个扮演教师的演员，林毛遂自荐，客串演出，因此与夏相识。林早就对银幕上的夏非常爱慕，在剧组见到她本人，惊为天人。夏梦丝毫没有大明星的架子，对任何人都礼貌相待，给林留下了深刻而美好的记忆，他深深地爱上了夏梦。1954年，两人步入婚姻的殿堂，相伴53年。

2007年，林葆诚病逝。此后，夏梦守寡至终。

夏　梦 + 林葆诚

夏梦婚史图

于蓝与田方：同行且同行，人生谱华章

于蓝（1921—2020），女，辽宁鞍山人，中国现当代演员。

于蓝原名于佩文，毕业于中国人民抗日军事政治大学。1949 年，主演个人首部电影《白衣战士》。1951 年，在电影《翠岗红旗》中饰演红军家属“向五儿”，引起关注。1952 年，主演电影《龙须沟》。1959 年，在电影《林家铺子》中饰演“张寡妇”。1961 年，凭借电影《革命家庭》获得第二届莫斯科国际电影节最佳女演员奖。1962 年，入选文化部“新中国二十二大电影明星”。1965 年，主演电影《烈火中永生》。1974 年，主演电影《侦察兵》。1981 年，担任中国儿童电影制片厂首任厂长。1986 年，担任中国儿童少年电影电视中心主任。1995 年，获得文化部、广电部“世纪奖”优秀女演员奖。2009 年，出演电影《寻找成龙》。2018 年，出演电影《那些女人》。2019 年，主演电影《一切如你》。

2020 年 6 月 28 日，于蓝在北京去世，享年 99 岁。

于蓝在角色创造中，不分主角还是配角，不论戏多还是戏少，都全身心地投入，倾注她全部的爱。她坚信，生活是创作的源泉，她无法想象没有生活做基础能去塑造人物。由于内心充实，她的表

演少有矫揉造作，真实，自然，朴实无华，深深地打动了观众的心。

于蓝一生一婚。1940 年，19 岁的于蓝选择了 29 岁的田方，二人在延安喜结连理。夫妻俩都是演员，共同致力于革命电影事业，志同道合，婚姻美满。婚后，于蓝与田方育有三子，幼子田壮壮后成长为中国第五代电影导演。

田方（1911—1974），河北保定人，中国现当代演员。

田方别名田兆栋，毕业于北平辅仁大学。1932 年，在天一影片公司主演个人首部电影《小女伶》。1933 年，主演电影《飞絮》，参演电影《吉他》。1934 年，主演默片《春宵曲》。1935 年，主演武侠电影《红羊豪侠传》，主演电影《海葬》《无限生涯》。1936 年，出演电影《壮志凌云》，主演电影《年年明月夜》。1937 年，出演动作电影《黄海大盗》，奔赴延安。1945 年，担任东北文工团副团长。1949 年，担任北京电影制片厂首任厂长。1953 年，担任北京电影制片厂电影演员剧团首任团长。1958 年，主演电影《深山里的菊花》。1959 年，出演电影《风从东方来》。1961 年，出演电影《革命家庭》。1962 年，主持第一届大众电影百花奖授奖仪式。1964 年，主演战争电影《英雄儿女》。

1974 年 8 月 27 日，田方病逝于北京，终年 63 岁。

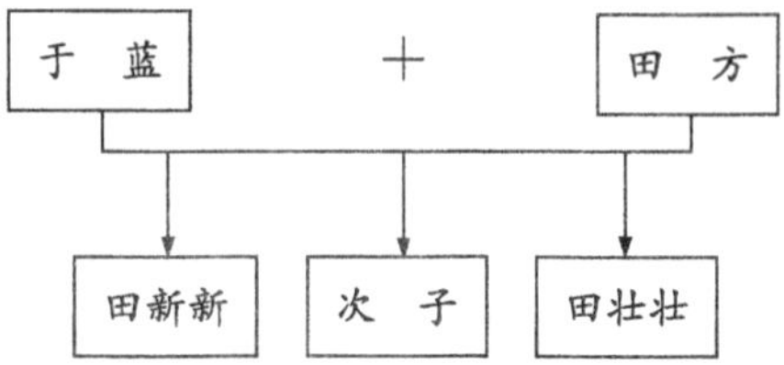

于蓝婚史及族谱图

舒适：二娶女星，终得舒适

舒适（1916—2015），浙江慈溪人，中国现代演员、导演。

舒适原名舒昌格。六七岁时，舒适随父移居上海。16岁，入复旦大学，后转入上海持志大学（上海外国语大学的前身）法律系。学生时代，就喜爱戏剧。1937年，上海沦陷后，参加青鸟剧社，演出话剧《雷雨》《日出》《不夜城》《大雷雨》等。1938—1940年，在影片《歌声泪痕》《花溅泪》中饰演角色。1942年后，在“中联”“华影”等影片公司主演《白衣天使》《银海春秋》等影片。1946年后，应香港大中华影片公司之邀，与周璇联合主演《长相思》，与胡蝶联合主演《春之梦》，参演《浮生六记》《弱者，你的名字是女人》《清宫秘史》等影片；同时，还编导了影片《地老天荒》《苦儿天堂》《母亲》《秋之歌》《蝴蝶梦》等。

新中国成立后，从香港到广州慰问解放军。1952年，回到上海，参演《鸡毛信》《为了和平》《李时珍》《情长谊深》等影片。1958年，导演兼主演电影《林冲》，深受好评。1959年，借调浙江电影制片厂，担任导演组组长。1959年，回上海电影制片厂，出演电影《水上春秋》。1961年，主演电影《红日》，后又导演《战斗的乡村》《苦儿天堂》《神·鬼·人》《绿海天涯》《双珠凤》《剑》《龙女》等影片。

2015 年 6 月 26 日病逝，享年 99 岁。

舒适一生出演过 60 余部电影，导演过 10 余部电影，编写了数个剧本。

舒适一生经历了两次婚姻。

第一次，1942 年，26 岁的舒适与当红影星慕容婉儿结为夫妇，成为当时中国电影界少有的成功伉俪之一。“文革”中，慕容婉儿被迫害致死。

20 世纪 70 年代初，舒适邂逅年青时的同事、女演员凤凰。1946 年，18 岁的凤凰嫁给了柳和锵，他是著名影星王丹凤（1924—2018）的丈夫柳和清的堂兄弟。1964 年，柳和锵逝世。相同的生活遭遇，使两颗孤独的心迅速靠近。1975 年，59 岁的舒适和 47 岁的凤凰走到了一起。在经历了人世间无数风云变幻之后，他们更加珍惜生命，珍爱生活，幸福地安享晚年。

慕容婉儿（1920—1975），女，上海人，中国现代演员。

慕容婉儿原名钱欣珍。1939 年，中学毕业，参加上海剧艺社，演出《上海屋檐下》《碧血花》《夜上海》《清宫怨》《夜光杯》《李秀成之死》等话剧。1940 年后，在“民华”“国华”“金星”等影片公司任演员，先后出演《孔夫子》《西厢记》等影片。1944 年后，重返舞台，在上海、香港等地演出话剧《梁上君子》《蝴蝶夫人》《雷雨》《日出》《原野》等。1951 年，在汉口，参加解放军中南军区文工团。1954 年起，在上海电影制片厂翻译组任翻译，译出《世界的心》《两亩地》《没有留下地址》《鬼魂西行》《仲夏夜之梦》《勇敢的胡安娜》《抗暴记》等外国影片 30 余部。“文革”中，被迫害致死，终年 55 岁。

凤凰（1928—2016），女，上海人，中国现代演员。

凤凰原名严慧秀。10 岁时，被导演张石川相中，得赐艺名，在古装片《李三娘》中反串一个小男孩，从此踏入电影界。1939 年，成为国华公司签约演员，与周璇合作了多部影片，都是演周璇的小孩或丫鬟，成为当红童星。1942 年后，先后出演《新地狱》《黑天堂》《小侠女》《李阿毛系列》《西厢记》《梅妃》《金玉满堂》《火中莲》《博爱》《夫妇之道》《快乐天使》等影片。

1945 年，从上海中国中学高中肄业。抗战胜利后，出演《天从人愿》《丹凤朝阳》等片。1949 年后，在当时仅有的几家私营电影厂出演了两部电影。20 世纪 50 年代初，长期赋闲，陪伴周璇。1958 年，调入上海电影制片厂，参演《鲁班的传说》《香飘万里》《长虹号起义》《乔老爷上轿》《英雄小八路》《春风杨柳》《蚕花姑娘》等影片。

1984 年退休，又被上影演员剧团返聘为办公室主任，干了 10 年。

2016 年 9 月 26 日病逝，享年 88 岁。

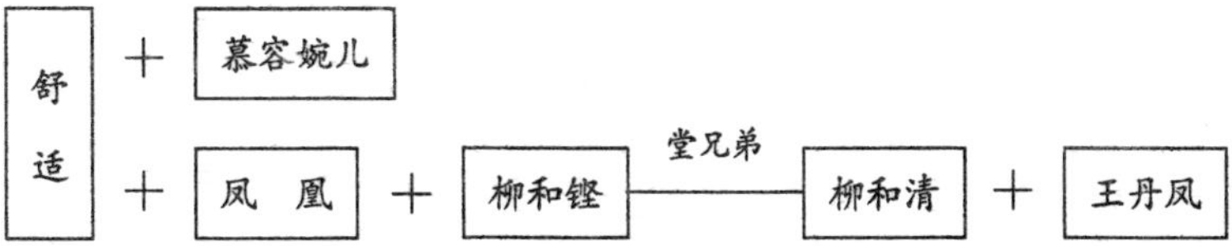

舒适婚史及族谱图

陈云裳：见好就收，急流勇退

陈云裳（1919—2016），女，香港人，中国现代演员。

陈云裳幼时在广东省广州市受到良好的教育，长于歌舞表演，在学校文艺活动中表现积极。1933 年元宵灯会，她登台表演了京剧《霸王别姬》、昆剧《贞娥刺虎》和舞剧《春思》。1935 年，进入广州电影圈，先客串小角色，后主演剧情片《粉碎姑苏台》《唐宫绮梦》，不久，赴香港发展。1936 年，因主演剧情片《新青年》而成名。

1937 年，参演剧情片《金屋十二钗》，主演电影《荒岛沉冤》《花开富贵》《做人难》《翠亨村》《天下为公》《傻瓜得运》《大义灭亲》《焦土抗战》。

1938 年，主演电影《理想未婚妻》《流氓小姐》《战士情花》《金屋十二钗续集》《最后关头》《血溅宝山城》《三千女明星》《傀儡美人》《血肉长城》《红伶悲歌》《难得有情郎》《豪华阔少》《销魂大姐》《木兰从军》。

1939 年，主演电影《春情烈火》《歌女白牡丹》《万里行尸》《断鸿零雁记》《盖世女英雄》《裸国风光》《贼王子》《云裳仙子》《一夜皇后》《费贞娥刺虎》。

1940年，主演电影《苏武牧羊》《潇湘夜雨》《乱世佳人》《碧玉簪》《秦良玉》，广受好评，引发上海滩“云裳热”。

1941年，参演影片《家》，主演电影《流亡之歌》《一夜皇后》《野蔷薇》《相思寨》《新姊妹花》《欢乐年年》《牡丹花下》《博爱》《重见光明》。

1943年，主演的电影《良宵花弄月》《桃李争春》在中国内地上映。1944年，主演的剧情片《万世流芳》在日本上映。1946年，主演的剧情片《倾国佳人》《黑市姑爷》上映。1947年，主演的戏曲片《忠肝义胆》上映。1952年，主演的电影《月儿弯弯照九州》《满园春色》《人海奇女子》在中国香港上映。1953年，参演的电影《银海千秋》《银海笙歌》在中国香港上映。1962年，参演的电影《红楼梦》在中国香港上映。

2016年6月29日逝世，享年97岁。

陈云裳一生共演出50余部电影，广受观众喜爱。她戏路宽广，活跃于20世纪三四十年代，见证了“孤岛”上海电影的沉浮消长，将彼时中国民众在古装片、时装片之间流徙辗转的复杂心理具象化并符号化，以“花木兰”“云裳仙子”两个银幕形象问鼎演艺生涯的最高峰。

1943年，陈云裳主演《万世流芳》后，事业到达巅峰。这时，她遇到了如意郎君汤于翰（1913—2014），一位享有国际声誉的医学博士，从此，退出影坛，随夫移居香港。婚后，育有三名子女。2014年，汤于翰逝世。

陈云裳热心公益与慈善，关心祖国内地的发展。在她的鼓励下，1997年，汤于翰在家乡宁波捐巨资创办了宁波大学医学院和汤于翰医疗中心。

陈云裳的父亲陈祖耀是公务员，为人耿直，满腹经纶，能吟诗作对；母亲原姓金，出身于书香门第。

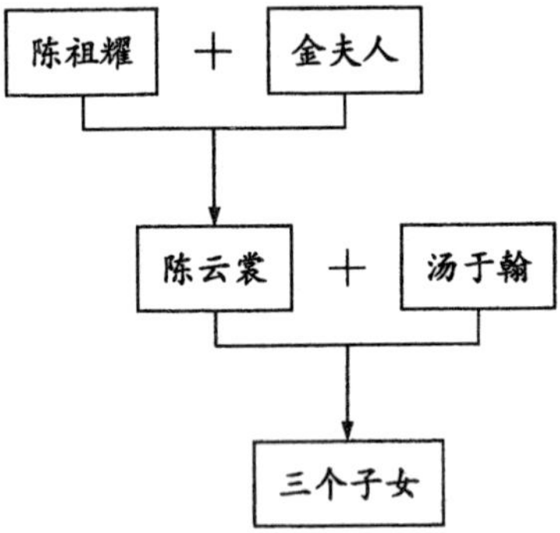

陈云裳婚史及族谱图

蔡楚生："红色谍女"的革命丈夫[①]

蔡楚生（1906—1968），广东潮阳人，中国现代著名导演、编剧。

蔡楚生幼年就喜爱绘画。1918年，开始在杂货店当学徒。1925年，尝试编导戏剧。1929年，来到上海，担任郑正秋的助理导演，任影片《战地小同胞》《碎琴楼》《桃花胡》《红泪影》的助理导演。

1932年，蔡楚生首次执导电影《南国之春》。1934年，自编自导剧情电影《渔光曲》，连映80天，广受好评，后该片获莫斯科电影节"荣誉奖"，成为中国第一部在国际上获奖的影片。1937年，执导剧情电影《王老五》。1941年，由其执导的战争电影《前程万里》上映。1947年，与郑君里合作执导剧情电影《一江春水向东流》。1963年，执导的剧情电影《南海潮（上集）》上映。"文革"中，被迫害致死，终年62岁。1979年，获得平反。

蔡楚生电影的最大美学特征是植根于民，这是他最明显、最突出的风格。他的影片，多以贫民大众的生活为背景，谈情说爱非其

---

① 蔡明：《"红色间谍"陈曼云》，《人民文摘》2011年第8期，原载2011年7月9日的《天天新报》。唐瑜：《老通和云姊——忆念蔡楚生、陈曼云》，《当代电影》1984年第2期。

所长，倾诉百姓疾苦和底层民众勇于斗争的个性则是其耀眼的亮点。莫斯科国际电影节颁奖评语称蔡楚生“以其勇敢的现实主义精神，生动深刻地反映了中国的现实生活”。

蔡楚生的电影是对时代潮流的一种视听化记录，勇于承担社会责任，努力表达基于人生经验之上的群体愿望，其代表作《渔光曲》《一江春水向东流》都是推动历史进步的主流佳片，都是中国电影史上的经典。

在上海学艺期间，蔡楚生曾拜郑正秋为师，从他身上学会了聆听观众。每次拍完电影，他总是第一时间和观众一起到戏院观看自己的作品，同时偷听别人的议论。哪里出色，哪里不够完美，蔡楚生都一一记在心中，回去之后便努力修改，这个习惯一直保持下来。“偷听”观众的声音，是蔡楚生能够拥有广大观众的最大原因。

蔡楚生是个“夜猫子”，王人美、黎莉莉送他外号“夜妖精”。他熬夜工作的劲头令人吃惊，常熬十几个通宵写就剧本，接下去分镜头、设计布景、挑选演员……夜以继日地干。在工作上，蔡楚生喜欢事必躬亲。他擅长绘画，常常将自己的构想随手绘成草图，使演职员一目了然，在摄影、置景、场面调度等环节及时领会他的导演意图。执着敬业的精神和敢于挑战旧俗的勇气，使蔡楚生很快崭露头角，脱颖而出。

1922 年，18 岁的蔡楚生遵从父母之命，与潮汕老家女子林银菊（1922—1968）结婚。一年多后，长女蔡梦兰出生，但他却只身前往上海。此后，林银菊又生下次女蔡海云、三女蔡小云、幼子蔡明。蔡明子承父业，工于特技摄影，后来成为北京电影制片厂总工程师。

混迹上海电影界，蔡楚生从制片厂学徒做起，什么活儿都干过，不怕苦累。事业小成后，一度与阮玲玉交往甚密，后毅然决定离开。

避难香港期间，蔡楚生与经常来片场看其拍戏的青年女子陈曼云相识，后来日益密切。1941 年，蔡楚生与陈曼云在香港《大公报》刊登启事，宣布结婚。婚后，蔡楚生才发现，陈曼云原来是中国共产党潜伏于香港的地下特工，也就是“红色间谍”。他无怨无悔，没有退缩，依旧支持妻子的革命工作，暗中协助妻子从事地下活动。应该说，蔡楚生是一位隐性革命工作者，对我党的地下情报工作作出了积极贡献。

陈曼云（1906—1976），女，广东番禺人，中国共产党地下工作者。

1926 年，陈曼云加入中国共产党。1927 年，被党派往日本学习，回国后一直从事秘密情报工作，受廖承志领导。1939 年，中共中央决定由潘汉年同志在香港组建华南情报局，陈曼云被借调至香港。1941 年 12 月 18 日，香港沦陷，中共中央把数百名文化精英从香港撤回内地，陈曼云回到上海，由潘汉年安排，秘密潜入“岩井机关”，即日本驻上海总领事馆副总领事岩井英一的情报机构，继续为党搜集情报。1948 年 12 月 28 日，陈曼云、蔡楚生全家离开上海，奔赴北平，迎接新中国成立。“文革”中，陈曼云、蔡楚生夫妇受到迫害。1976 年 3 月，不堪承受周总理去世的巨大打击，陈曼云含恨离世，终年 70 岁。1979 年，获得平反。

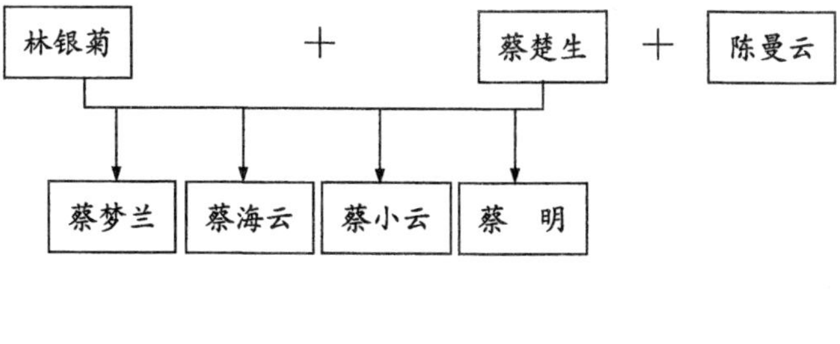

蔡楚生婚史及族谱图

吴茵：影坛“老妇”，与夫共影

吴茵（1909—1991），女，天津人，中国现代演员。

吴茵原名杨瑛，从小就对文艺产生兴趣。1922年，在上海城东女子学校国画科学习绘画，参演由应云卫（1904—1967）执导的话剧《苏州夜话》。1929年，从该校肄业。

1934年，参演个人首部电影《新女性》，从此开始电影生涯。1935年，出演电影《都市风光》，出演的剧情电影《小姨》上映。1936年，进入明星公司，参演电影《清明时节》《花花草草》。1937年抗战爆发后，赴四川演出抗日话剧，出演剧情电影《十字街头》《压岁钱》《社会之花》。

1939年，在老舍的话剧《残雾》中饰演一个老太太，很受好评。1940年，主演抗日电影《塞上风云》。1942年，参演的剧情电影《青年中国》上映。1946年，参演剧情电影《八千里路云和月》。1947年，参演剧情电影《一江春水向东流》《遥远的爱》。1948年，联合主演电影《万家灯火》《大团圆》《新闺怨》。1949年，出演剧情电影《希望在人间》《三毛流浪记》；出演剧情电影《乌鸦与麻雀》，获中国文化部1949—1955年优秀影片奖及个人一等奖。1950年，出演剧情电影《武训传》《人民的巨掌》。1951年，出演剧情电影《我们夫妻之间》。1953 年，出演剧情电影《纺花曲》。1955 年，参演的剧情电影《宋景诗》上映。1956 年，出演剧情电影《小白旗的风波》《小伙伴》。

1957 年，被错划为“右派”，下放农村劳动。1958—1959 年，出演喜剧电影《今天我休息》。1961 年，参演剧情电影《春催桃李》。1963 年，参演的剧情电影《球迷》上映。1964 年，出演剧情电影《家庭问题》。1978 年，获得平反。

1982 年，出演剧情电影《这不是误会》。1985 年，加入中国共产党。1987 年，参演电影《男人的世界》。1990 年，参演的电影《落山风》上映，出演喜剧电影《面目全非》。1991 年，被中国电影表演艺术学会授予特别荣誉奖。

1991 年 4 月 10 日逝世，享年 82 岁。

1993 年，由其创作的文章集《回首忆当年》出版。[①]

2005 年 11 月，吴茵入选“中国电影百年百位优秀演员”名单。

吴茵长于扮演老年妇女，如农妇、母亲、女佣等，贴切恰当，活灵活现，给观众留下深刻印象，展现出不凡的艺术功力。吴茵对表演艺术永不满足，孜孜追求，注意从生活出发，根据历史时代、社会背景的差异赋予角色不同的神态和语言。

吴茵的丈夫孟君谋，也是一名电影工作者，夫妻志同道合，相伴一生。

孟君谋（1903—1969），江苏常州人，中国现代电影制片人。

孟君谋幼年生活在一个知识分子家庭。青年时代，思想较为

---

① 中国电影出版社，1993 年版。

进步，在基督教青年会结识导演应云卫，从此开始电影剧务工作。1923年，组织戏剧协社，进一步锻炼了他的业务能力。抗战爆发前，参加了《大路》《新女性》等影片的拍摄。抗战爆发后，暂离影坛，在后方进行抗日宣传。抗战胜利后，据理力争，从国民党政府手中讨回联华影业公司的摄影场，建立起昆仑影业公司，担任《一江春水向东流》《万家灯火》《希望在人间》《乌鸦与麻雀》等影片的制片工作。

新中国成立后，任上海电影制片厂制片处副处长，为筹拍电影《梁山伯与祝英台》积极落实器材。1954年6月，调任上海科学教育电影制片厂副厂长。

“文革”中，被迫害致死，终年63岁。

吴 茵 ＋ 孟君谋

吴茵婚史图

陈鲤庭与赵慧深：无缘对面不相逢

陈鲤庭（1910—2013），上海人，中国现代导演、电影理论家。

1930年，陈鲤庭从上海大夏大学高等师范系毕业，在小学任教。1931年暑假，创作独幕剧《放下你的鞭子》，并与章泯、梁耀南等人在街头首演。1932年，进入上海新亚中学任教，加入中国左翼戏剧家联盟。1933年初，组织骆驼演剧队。1936年，任上海业余剧人协会理事等职，参演《石达开的末路》等话剧。1938年，任旅川业余剧人协会理事，导演了《夜光杯》《魔窟》《钦差大臣》等话剧。1941年夏，在重庆导演了俄国作家果戈理的名剧《钦差大臣》，引起轰动。1942年，导演话剧《屈原》，出版理论专著《电影轨范》[①]。1946年后，任中央电影二厂、上海昆仑影业公司导演，编导了《丽人行》《幸福狂想曲》《遥远的爱》等电影。1959年，导演话剧《大雷雨》。

中华人民共和国成立后，导演了影片《人民的巨掌》《劳动花开》等。

2013年8月27日，陈鲤庭在上海病逝，享年103岁。

---

① 此书副标题为“电影艺术表现技巧概释”，中国电影出版社1962年、1984年两度出版该书。

陈鲤庭是少见的具有理论探索精神的导演，在他之前只有郑君里。陈鲤庭从蒙太奇的本质入手，注重挖掘电影影像的表现潜能。他指出，电影性并非电影艺术的专属特性，而是人类在起源时代就已存在的独特思维，此论堪称空前，具有相当的超前性和先锋性。可能过于前卫，他导演的电影很少正面描写战争的残酷，既没有硝烟，也没有饥饿，战争被他仅仅作为人物活动的时代背景，战争中的人们充满热情而且很快乐。他过于注重战争对个体的影响，忽视了家国情怀，因此，不合主流价值取向。不论如何，陈鲤庭在戏剧、电影的理论研究上都是有建树的探索者和开拓者。

赵慧深（1914—1967），女，四川宜宾人，中国现代演员。

赵慧深幼时随家迁居天津、南京，先后就读于天津女子师范小学、南京教会中学。1926 年起，追随堂兄赵景深参加话剧活动。后赴上海，入南方大学攻读文学。1932 年，任山东省立实验剧院戏剧干事，参演《父归》《湖上的悲剧》等话剧。1934 年，加入中国旅行剧团，参演话剧《雷雨》，饰“周繁漪”，一举成名。1937 年，参演影片《马路天使》，扮演妓女“小芸”。抗战开始后，加入导演陈鲤庭的上海救亡演剧四队，巡回演出。1941 年，加入中国共产党领导的中华剧艺社，参演了《屈原》《天国春秋》等多部话剧。1946 年，到苏北解放区，从事新文艺工作。

中华人民共和国成立后，先后任辽宁省旅大市文协艺委会副主任、东北戏曲学校校长、北京电影制片厂编辑部副主任等职。

“文革”中，不堪迫害，于 1967 年 12 月 4 日自杀身亡，终年 53 岁。

因工作关系，陈鲤庭与赵慧深相识，恋爱，同居。但是，因性格不合，以分手告终。

1958 年，陈鲤庭与演员毛吟芬结婚，育有一女。

赵景深（1902—1985），四川宜宾人，中国现代教育家、戏曲理论家。

1922 年，赵景深毕业于天津棉业专门学校，后入天津《新民意报》编副刊，组织绿波社，提倡新文学。1930 年起，任复旦大学中文系教授。1949 年后，任中国古代戏曲研究会会长、中国俗文学学会名誉主席、中国民间文学研究会上海分会主席等职，对元杂剧、宋元南戏、昆曲等均有研究。著有《曲论初探》《中国戏曲实考》《中国小说丛考》等十多部专著。

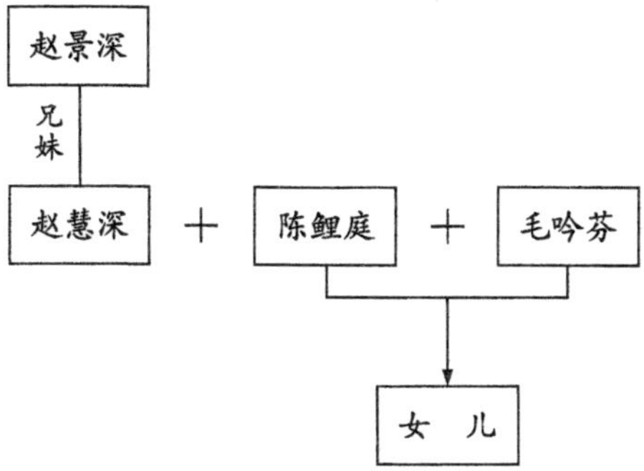

陈鲤庭婚史及族谱图

童月娟与张善琨：电影夫妻，瑜难掩瑕

童月娟（1914—2003），女，浙江杭州人，中国现代演员、电影事业家。

童月娟原名万秀英，最初学习京剧。1929 年，赴上海发展，接受戏剧训练，参与平剧演出，不久转向话剧。1931 年，制作并演出新剧《不爱江山爱美人》，广获好评，由此进入上海影坛。

1933 年，与张善琨结婚，共同筹建上海新华影业公司，出品并主演《红羊豪侠传》《新桃花扇》《壮志凌云》《青年进行曲》《雷雨》等进步电影及《王老虎抢亲》《离恨天》等商业电影。

1937 年，抗战爆发，迫于现实，童月娟、张善琨夫妇参加了日本军方或汪伪政权的各种“东亚共荣”活动。1942年后，在“中联”“华影”，参加拍摄《博爱》《第二代》《家》等影片。1946 年，赴香港发展。1947 年，二人先后参与或重组香港永华影业、香港新华影业、香港长城影业，出品了《荡妇心》《血染海棠红》《月儿弯弯照九州》《琼楼恨》《王氏四侠》《一代妖姬》等商业电影。

1957 年，张善琨去世，童月娟接手香港新华影业。之后十数年，出品了《盲恋》《青城十九侠》《黑钮》《碧血黄花》等影片。1969 年，获台湾电影金马奖“特别制片奖”。1994 年，获台湾电影金马奖“终身成就奖”。

1993 年，童月娟移民加拿大。2002 年，因年迈不得不从加拿大返回上海，接受在沪亲友照料。

2003 年 1 月 6 日病逝，享年 89 岁。

张善琨（1905—1957），浙江吴兴人，中国现代电影事业家，电影出品人。

张善琨少时求学南京，毕业于上海南洋公学，曾任烟草公司广告主任。后加入黑社会青帮，主持大世界游艺场和共舞台，演出使用机关布景的连台本戏，招徕观众，颇为轰动。

1934 年，张善琨与夫人童月娟组建了新华影业公司。不到三年，冲破“明星”“联华”两大影业的遮蔽，“新华”成为上海电影界有名的大公司，出品了《红羊豪侠传》等叫座影片。

1937 年末，上海沦为“孤岛”，但“新华”却在 1938 年摄制了 18 部影片，如《貂蝉》《武则天》《岳飞精忠报国》等。其间，张善琨又投资创立了“华新”“华成”两家公司，拍摄了《木兰从军》《日出》《苏武牧羊》等影片。

1942 年 4 月 10 日，日伪中国联合制片厂股份公司（简称“中联”）成立，张善琨率其“新华”等 11 家电影公司并入，张善琨担任总经理。

1943 年 5 月，“中联”解散，汪精卫伪政府成立了中华电影联合股份公司（简称“华影”），张善琨出任副总经理和制片部主任。

1946 年 2 月，张善琨被舆论界指控为汉奸，避走香港；同年 9 月，远遁英、法、美，考察电影业。

1947 年 3 月，返回香港，协助李祖永创办香港永华影业公司。

1951 年，张善琨创办长城影业公司，出品了《结婚二十四小时》《雨夜歌声》《白蛇传》等影片。次年，在香港恢复新华影业公司，出品了香港第一部彩色故事片《海棠红》以及《月儿弯弯照九州》《秋瑾》《桃花江》等影片。

1957 年 1 月 7 日，在日本拍摄外景时，因心脏病突发去世，终年 52 岁。

在中国电影 110 余年的岁月里，在众多电影从业者中，张善琨最富传奇性。尽管他对中国电影的发展起过积极的推动作用，业绩不凡，却在民族存亡、国家危难之际投靠日本帝国主义，政治立场出现问题，这是他一生的污点，永远的耻辱。作为演员和出品人，童月娟对中国电影的贡献不容置疑，但受丈夫张善琨的影响，政治立场亦有瑕疵。

童月娟与张善琨，电影夫妻，瑜难掩瑕。

童月娟 + 张善琨

童月娟与张善琨婚史图

周曼华："冬瓜美人"两次婚

周曼华（1922—2013），女，北京人，中国现代演员。

周曼华原名周桂英，父亲是裁缝。1935年，在明星公司的电影《热血忠魂》中饰演一个儿童角色，后又参演《夜会》《女权》等影片。抗战爆发后，随上海影人剧团去重庆等地演出。1938年，回上海，在"大同""国华"等影片公司主演《红杏出墙记》《金粉世家》，后在"中联""华影"拍摄影片多部。1948年，移居香港。20世纪50年代，在"泰山""邵氏""新华"等影片公司主演《妇人心》《碧血黄花》等影片，并曾在台湾演出影片。1962年息影。

1993年，获台湾第三十届金马奖纪念奖。

2013年2月15日去世，享年91岁。

周曼华一生共主演影片70余部，代表作为《金粉世家》。

周曼华有两个雅号，一是"冬瓜美人"，一是"剪刀西施"，二者皆表明她是个西施般的美人。

1944年，周曼华和富商吴国璋结婚。1961年，二人感情破裂，宣布离异。

1962年，周曼华与台湾联邦影业公司[1]发起人之一张九荫结婚，相伴到老。

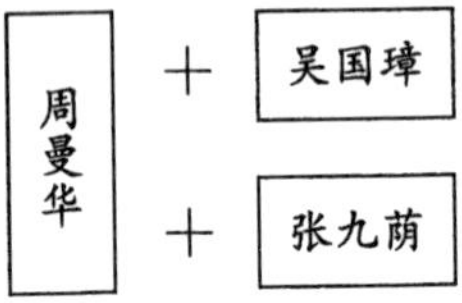

周曼华婚史图

① 台湾“联邦”影业与香港“邵氏”齐名，是20世纪70年代武侠片的生产重镇，出品了《龙门客栈》《侠女》《十万金山》《万里雄风》《武林龙虎斗》《龙城十日》等一大批武侠名片，扶植了王羽、胡金铨、屠忠训等武侠片导演，培养了徐枫、上官灵凤、嘉凌、茅瑛等武打女星，享誉华人世界。可参黄仁编：《联邦电影时代》，台湾财团法人“国家电影资料馆”出版，2001年。

夏衍：一生一婚，理智人生

夏衍（1900—1995），浙江杭州人，中国现代著名剧作家、文学家。

夏衍早年参加“五四运动”，编辑进步刊物《浙江新潮》。1921年，考入日本北九州户烟町明治专门学校电机科，1926年毕业，获工学学士学位。同年，免试入日本九州帝国大学工学部冶金科，赴东京任国民党中央海外部驻日神田总支部党委、组织部长，在日本各地华侨、留学生中宣传革命，发展国民党党员。1927年，奉命回国，被国民党通缉并开除党籍，同年加入中国共产党。

1929年，与鲁迅一起筹备中国左翼作家联盟，创办上海艺术剧社。1930年，“左联”成立，被推举为主席团成员兼执行委员。同年，与田汉等人成立中国左翼剧团联盟。1932年，出任明星公司的编剧顾问。1933年，参与成立党的电影小组。1935年，根据田汉的提纲，编写剧本《风云儿女》，创作了多幕剧《赛金花》、独幕剧《都会的一角》。

1937年，创作三幕剧《上海屋檐下》。1942年，与田汉、洪深合作话剧《再会吧，香港》；赴重庆，任中共南方局办事处文化组副组长，负责文化界统战工作；在《新华日报》上撰写政论及杂文，写成四幕剧《水乡吟》、五幕剧《法西斯细菌》。1945年，创作四幕话剧《芳草天涯》，9月在重庆上演。1947年，经香港抵达新加坡，向华侨领袖陈嘉庚传达中共中央军政方针，并应陈嘉庚、胡愈之邀请任《南侨日报》主笔。1948年，在香港《群众》杂志开设《蜗楼随笔》专栏，在香港参与策反国民党资源委员会主任钱昌照起义。

1949年，任华东军事管制委员会文教委员会副主任暨上海市委宣传部副部长，当选为中国文联第一届全国委员会委员、中华全国电影艺术工作者协会委员。1950年，任上海市委常委、上海市委宣传部部长、上海市文化局局长，兼任上海人民艺术剧院院长。1953年，创作五幕六场话剧《考验》。

1955年5月，受潘汉年冤案牵连，接受中组部审查。“文革”中，受到严重迫害。

1977年秋，恢复党组织关系，去上海工作。

1994年，向中国现代文学馆捐赠第一批藏书2800册，在北京举办“纪念夏衍同志从事革命文艺工作65周年报告会”及“夏衍电影回顾展”，被国务院授予“国家有杰出贡献的电影艺术家”称号。

1995年2月6日去世，享年95岁。

夏衍的话剧代表作有《心防》《法西斯细菌》《秋瑾传》《上海屋檐下》，电影剧本有《狂流》《春蚕》《祝福》《林家铺子》等，另有报告文学《包身工》，还出版了《夏衍剧作选》《夏衍选集》。夏衍创作的着力点，在于关注大时代里普通知识分子和市民阶层的精神悲欢，以此暗示政治和革命的主题。夏衍将自己鲜明的政治态度寓托于普通人的日常生活与内心冲突中，从简单平凡的小人物身上反映出激荡的时代特征，让受众感受到时代的脚步声，以一种近乎平庸的写实精神反衬出波澜壮阔的时代洪流，将高度的使命感与责任感、饱满的政治热情与精心的艺术创作完美地结合在一起，进而从同时代剧作家中迅速脱颖而出。夏衍一生对政治抱有热情，追求共产主义信仰，但并未简单地以艺术图解政治，而是以自己日臻成熟、日渐鲜明的创作个性溶解了政治僵硬的外壳。夏衍正是以其敏感多思、善于冷静观察、长于冷峻剖析的艺术气质将政治与艺术有机结合在一起，铸就了独特的人生风范。

夏衍是一个理智的人。夏衍赴日留学后，母亲挂念他的婚姻，于是积极为其物色对象，最后选中了蔡淑馨。蔡原在杭州读书，后转入浙江女子师范学校。1924 年暑假，夏衍到杭州相亲，与蔡一见生情，彼此心仪。1925 年，蔡也来到日本，进入奈良女子高等师范学校学习。于是，夏衍在京都租了一套小木屋，常和蔡小聚。1930 年 4 月，夏衍和蔡淑馨在上海举行了婚礼。婚后，蔡放弃专业，专门相夫教子。此后几十年，蔡淑馨一直默默地协助夏衍，风雨同舟，白头到老。

夏　衍	＋	蔡淑馨

夏衍婚史图

龚稼农：演艺老农，一生好人

龚稼农（1902—1993），江苏南京人，中国现代演员。

青少年时代，龚稼农就读于国立东南大学体育科，是学校话剧团的骨干，演出过《终身大事》等剧。1922 年，任江苏省立体育馆管理员。1925 年，入上海大中华百合影片公司当场记。1926 年，任民新影片公司演员，主演影片《玉洁冰清》。而后，转入明星影片公司，与阮玲玉合演《挂名的夫妻》，与胡蝶合演《血泪黄花》，在《湖边春梦》《狂流》《春蚕》《压岁钱》《女性的呐喊》《春草美人》《脂粉市场》《泰山鸿毛》《华山艳史》《劫后桃花》《歌女红牡丹》《社会之花》《小玲子》《到西北去》等影片中担任主要或重要角色，还导演了影片《黑夜孤魂》。1940 年，主演影片《花溅泪》。1941 年，主演《雨夜枪声》等影片。1942 年，在“中联”主演了《风流世家》等影片。1949 年，赴台湾。1954 年，出演台湾电影制片厂的《罂粟花》《吴凤》等片。1981 年，获台湾当局颁发的“最有成就演员奖”。1993 年，获第三十届金马奖纪念奖。

著有《龚稼农从影回忆录》（1—3 册）[1]。

龚稼农一生十分勤奋，演出了 120 多部电影。他与当时一线、二线几乎所有女影星都有过合作，如张织云、黎明晖、杨耐梅、宣景琳、丁子明、阮玲玉、胡蝶、徐来、白杨、周璇、周曼华……但是，他却从无绯闻，从不乱搞女人，一生只有一次婚姻，拍完戏就回家陪伴夫人，教导孩了。电影圈内对他的优良品行十分赞赏，女演员对他都很放心。

龚稼农拍片从不计较排名和片酬。拍戏前，一早就起来背台词；拍戏时，一遍又一遍，直到导演满意为止。这种敬业精神，备受称赞。这种视金钱为粪土的精神，在演艺界十分可贵。

龚稼农的艺德与成就，值得中国电影史重新认识，给予重视。龚稼农是成熟稳重、自制力很强的男性演员，其塑造的银幕形象大多亦是如此，是典型的“内心体验派”。他的表演不温不火，不急不躁，恰到好处，暗含极高的表演功力与人格魅力。

龚稼农	+	妻　子

龚稼农婚史图

---

① 龚稼农：《龚稼农从影回忆录》，台湾传记文学社 1967 年、1980 年两版，台湾文艺书屋 1969 年版，中国大百科全书出版社 2013 年版。

白云：随风飘荡，放浪一生

白云（1918—1982），祖籍广东潮安，出生于美国檀香山，美籍华裔演员。

白云原名杨维汉，祖母是德国人，后来全家迁居新加坡。白云在美国檀香山和新加坡度过了十几年，能说一口流利的英语，还能讲普通话、广州话、上海话、福州话、潮州话、马来语。从小喜欢绘画，父亲是商人，让他从小接受商业教育。中学毕业后，从新加坡回到祖国，在上海学习过，后在北平燕京大学学习。

“七七事变”后，他到了上海，“八一三”事变后又去南京、郑州、开封、西安等地。在南京时，加入戏剧协会。汉口失陷后，他去了香港，进入电影界，先在粤语片中当配角，后任主角，先后参演《舞台春色》《春情烈火》《第八天堂》等影片。他外形健美，所饰演的角色也较出色，因而受到观众的喜爱，一度与“南国影帝”吴楚帆齐名。

1939年，进入国华影片公司，参演电影《红粉飘零》《夜明珠》《七重天》《新地狱》。1940年，“艺华”与“国华”两家公司唱对台戏，同时摄制并同时公映影片《三笑》。“艺华”的主演是李丽华与严化，“国华”的主演是周璇与白云，观众争先恐后去看谁演得好。影片公映后，双方上座率不相上下，极为轰动，白云名噪一时。同年，他再次与周璇合作，共演影片《西厢记》，又倾倒了无数观众。1941 年，他仍与周璇合作，共演影片《恼人春色》，再次轰动。此外，还参演了《天涯歌女》《红杏出墙记》等片，均很卖座。既能演正派，也能演反派角色，20 世纪 40 年代初，白云被誉为“银坛骄子”。

不过，白云从影后，染上二三十年代某些小生演员鬼混于女人圈之旧习，故有“风流小生”之绰号。抗战时期，白云活跃于舞台上，曾在北平、天津、济南、青岛、哈尔滨、大连等地演出话剧。1944 年，在重庆参演“中制”的电影《血溅樱花》。抗战胜利后，赴香港，参演了《桃花依旧笑春风》等片。20 世纪 50 年代，他与邵氏公司签订长期合同，出演了 60 余部影片，成为最叫座的红小生。进入 20 世纪 60 年代，他的电影生涯开始走下坡路，但旧习不改，常和女人鬼混，传言他能扮成人妖博取荡妇欢心。

1965 年，白云去了台湾，希望继续从事电影表演，但未能如愿。后来，在朋友帮助下，经营一家小酒店，但生意惨淡。再后来，身患癌症，贫病交加。1982 年，在台湾自杀，终年 64 岁。

由于一生未婚，无儿无女，身后萧条，经他在“演员训练班”任教时的学生欧阳莎菲建议，演员工会派人将其遗体火化于日月潭，骨灰运回台北市，放在寺庙，供人祭吊。

白云酷似北宋词人柳永，厌倦政治，立场摇摆，随风漂流，浪荡一生。虽曾在事业上一度辉煌，但终不入流，为国人乃至中外华人所耻笑。

吴楚帆（1911—1993），福建泉州人，中国现代著名演员。

吴楚帆原名吴钜璋，出生于天津市，曾就读于香港圣保罗书院，上海交通大学肄业。早年，当过店员，业余爱好文艺。1932 年，入上海联华影业公司，主演电影《夜半枪声》。1935 年，主演关文清导演的电影《生命线》，一举成名。[1]1937年，因在影片《人生曲》中一人分饰父子二角，被誉为“华南影帝”。1932年至1964年，共参演影片250多部，其中，《情焰》《家》《春》《秋》《寒夜》《危楼春晓》《人海孤鸿》《香港屋檐下》最为出名。此外，还导演过《战地归来》《香港一妇人》等片。1956年，在香港出版《吴楚帆自传》[2]。1966年息影，移居加拿大。1993年，在加拿大病逝，享年82岁。1994年，获香港电影金像奖“终身成就奖”。

欧阳莎菲（1923—2010），女，江苏苏州人，中国现代演员。

1940年，欧阳莎菲考入上海金星影片公司演员训练班，次年参演影片《春水情波》。1942年后，在“中联”“华影”参演《白云塔》《燕迎春》《教师万岁》《火中莲》等影片，以擅饰反派角色闻名。1946年，主演“中电”抗战间谍片《天字第一号》，创下当年最高票房纪录，名噪一时。1949年，赴香港，先后为“泰山”“远东”“新华”“华成”“电懋”等多家电影公司出演多部电影。1960年，因在“电懋”

---

① 关文清（1894—1995），中国现代导演、编剧。1923年，任香港民新影片公司顾问。1926年，执导广州南越影片公司影片《添丁发财》。1932年，执导联华公司创业作《铁骨兰心》。1935年，导演了提倡新式婚姻的两集电影《摩登新娘》，执导爱国电影《生命线》。抗战期间，陆续执导了《抵抗》《边防血泪》《公敌》三部抗战电影，并参与抗日影片《最后关头》的筹拍。1940—1941年，携纪录片《台儿庄大会战》赴美放映，登台演出自编自导的抗日宣传剧《流亡之父女》《八古佬从军》。1946年，返港，自组山月影片公司。1947年，“山月”推出创业作《复员泪》，反映日寇侵华给中国人民带来的无限灾苦，表现抗战胜利后国人依然过着贫困的生活。关文清一生执导了50多部影片，其中20多部由他编剧，这些影片以时装题材为主，类型多样，总体上爱国进步，注重电影的商业价值。1956年，应周恩来总理之邀赴京参加国庆观礼。1960年，定居美国旧金山，但仍为香港拍摄了3部影片。1970年起研究历史，1976年出版《中国银坛外史》，1979年出版《中国历史浅论》，为在美华人后裔讲述中国历史文化。

② 龙文出版社股份有限公司。

公司《母与女》一片中的出色表演获第7届亚洲影展最佳女配角奖。1963年，进入香港邵氏公司。1968年，凭借电影《烽火万里情》获台湾金马奖最佳女配角奖。20世纪80年代，在台湾出演多部电影。1993年，获台湾第三十届金马奖纪念奖。2010年8月3日，美国盐湖城过世，享年87岁。

欧阳莎菲的丈夫是同行屠光启①，两人1946年结婚。1950年，二人离开上海赴香港拍片，离异，各自再婚。20世纪70年代末，又在长女屠燕英撮合下复婚。

① 屠光启（1914—1980），浙江绍兴人，中国现代演员、导演。毕业于南京国立戏剧专科学校，1937年到上海，1939年入新华影业公司当演员，参演影片《葛嫩娘》，主演《香妃》《赛金花》《文素臣》《龙凤花烛》《天魔劫》《处处闻啼鸟》《摩登女性》等影片。1950年，迁居香港，编导了《月儿弯弯照九州》《白天鹅》等影片。一生导演影片60余部，大多为商业片。1973年退出影坛，定居美国。1980年5月30日逝世。

史东山与华旦妮：美美伉俪，华美人生

史东山（1902—1955），浙江海宁人，中国现代著名导演、编剧。

1925年，史东山执导个人首部电影《杨花恨》。1926年，执导剧情电影《儿孙福》，由其执导的爱情电影《同居之爱》上映。1927年，自编自导武侠片《王氏四侠》、剧情电影《美人计》（上、下集）。1928年，执导剧情电影《奇女子》。1929年，执导剧情电影《荒唐将军》，同年执导的电影《双雄斗剑》上映。1930年，进入联华影业公司。1931年，由其执导的爱情电影《银汉双星》上映，执导剧情电影《恒娘》。

"九一八"事变后，积极参加抗日救亡，加入中国左翼作家联盟。1932年，与蔡楚生等联合执导剧情电影《共赴国难》，执导爱情电影《奋斗》。1933年，出任中国电影文化协会执行委员，参加世界反帝国主义战争委员会第二次会议。1934年，由其执导的剧情电影《女人》上映。1935年，自编自导剧情电影《人之初》。1936年，由其执导的剧情电影《长恨歌》上映，自编自导剧情电影《狂欢之夜》。

1937年，执导剧情电影《青年进行曲》。1939年，由其执导的剧情电影《好丈夫》上映。1941年，执导电影《胜利进行曲》。1945年，自编自导战争电影《还我故乡》。1947年，由其执导的剧情电影《八千里路云和月》上映，轰动一时。1948年，执导电影《新闺怨》。

1951年，与吕班联合执导剧情电影《新儿女英雄传》，凭借该片获第六届捷克卡罗维发利国际电影节“导演特别荣誉奖”。1954年，当选第一届全国人民代表大会代表，出版电影理论作品《电影艺术在表现形式上的几个特点》。①

1955年2月23日，因不堪迫害，自杀身亡，终年53岁。

1957年，电影理论遗作《论电影的镜头组接》出版。②

史东山是中国第二代导演中的优秀代表。在代表作《八千里路云和月》中，史东山展现了高超的技术水准和过人的艺术才华。片中，长镜头的写实风格与蒙太奇的表现风格相得益彰，被他发挥得淋漓尽致。该片镜头组接行云流水，整个作品磅礴大气，又不乏细腻深婉，精彩的电影语言和饱满的人物形象令人叹为观止。史东山的电影，内容丰富，人物完整，具有历史的概括性与生活的真实感，艺术上具有简练、明快、流畅的特点。他善于把写实与写意完美融合在一起，通过主观和客观的虚实结合开掘深刻的社会问题。他还重视电影、戏剧的理论建设，这在早期电影导演中极为少见。

史东山和华旦妮，是中国电影史上的一对传奇，夫妻二人职业互补，性格互补，牵手一生，婚姻美满，共同绘就了华美的艺术人生。

史东山夫妇养育了三个子女：长子史大千，子承父业，成为电影导演；二女史大同；幼女史大里（1943—2010），舞蹈家。

华旦妮（1909—2004），女，江苏苏州人，中国现代服装设计师、

① 共有两版：艺术出版社1954年版，中国电影出版社1958年版。

② 中国电影出版社，1957年版。

电影事业家。

15 岁时，华旦妮就读于上海竞雄女中，接受中西文化的熏陶。1927 年，华旦妮和史东山在上海结婚。1928 年，华旦妮在上海创办美美公司，任董事长、总经理，专营妇女服饰。她亲自为阮玲玉、胡蝶等演艺明星和社交名媛设计时装，改良旗袍，备受推崇，名噪一时，号称上海时尚“女掌门”。1939 年，创建重庆抗建堂影剧院。1950 年，受命改造马连良的新新大戏院，出任新中国第一个国家电影院——首都电影院总经理。“文革”中，受到迫害。1980 年以后，一直在家乡从事服装设计，经营服装企业。

2004 年病逝，享年 95 岁。

史大千（1929—1985），上海人，中国当代导演，曾在八一厂、北影厂、西影厂工作，作品有《青年鲁班》《红色背篓》《黑面人》。

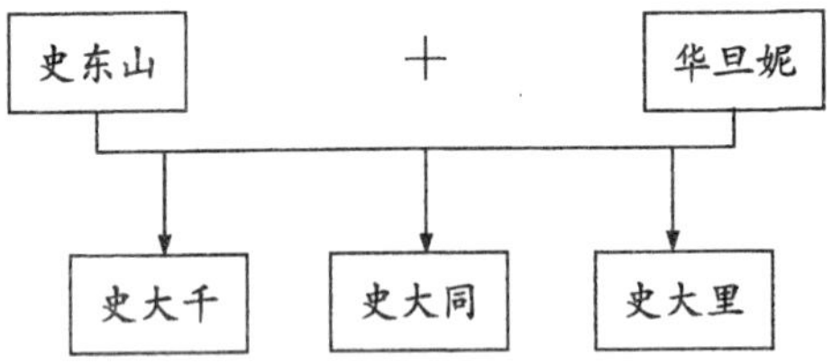

史东山婚史及族谱图

宣景琳：妓女明星

宣景琳（1907—1992），女，上海人，中国现代演员。

宣景琳原名田金玲，出生于一个送报工人家庭，幼年丧父，家境贫穷，她还有四个姐妹和一个哥哥。宣景琳在教会学校念书，虽不用交学费，但不愿忍受有钱同学的歧视，愤而离校，改学京剧。此后，她的母亲、长兄先后病故，不得已卖身妓院。几年后，她梦想跳出火坑，把希望寄托在王六公子身上，却遭到王父坚决反对。

1925年，经人介绍，宣景琳入明星影片公司做演员，在电影《最后之良心》中出演反派配角，表现不俗。明星公司颇为赏识，与她签订了三年合同。1926年，上海《新世界》杂志举办电影皇后评选，宣景琳和张织云、杨耐梅、王汉伦一起中选，被称为中国电影“四大名旦”。

之后，又相继主演了《上海一妇人》《盲孤女》《多情的女伶》《真假千金》《少奶奶的扇子》等十多部影片。在影片《早生贵子》中，著名编导郑正秋改派她演老妇，她照样胜任，从此，戏路得以拓展。

1931年，转入天一影片公司，主演有声片《歌场春色》，这是中国最早的片上发音有声片。公映后，轰动一时。

“一·二八”战火骤起，无片可拍，组成表演歌舞、京剧兼映《歌场春色》的“宣景琳旅行团”，赴全国各地演出。翌年，返回上海，主演了《娼门贤母》《前程》《母与子》《乡愁》《空谷兰》《女儿经》等十余部电影。1933 年，在有声片《姊妹花》中成功扮演了一位饱经苦难的母亲，是宣景琳电影表演艺术的代表作。

宣景琳拍戏不为出名，只想积蓄酬金赎身，改变身份。不料，她的秘密被人发现，积蓄被妓院没收。郑正秋知道后，由明星公司出钱为她赎身，还编写了一个表现妓女生活的剧本《上海一妇人》，请宣景琳主演。她现身说法，受到观众赞赏，正式成为电影明星。宣景琳获得人身自由，又有了明星光环，就要王六公子名正言顺地向父母提出成婚。可是，王父仍以她出身低贱而不同意，郑正秋出面做媒，王父勉强同意，但不许婚后进王家大门。婚后，宣景琳不断拍片，事业不断上升。然而，王六公子却受到来自家庭和社会的种种压力，导致夫妻离心，最终分手。

多年拍戏，十分辛苦，宣景琳不再年轻，身体衰弱，终于病倒，后虽然痊愈，但已人老珠黄，从此退出影坛。后来，宣景琳以昔日电影明星的声誉作为嫁妆再嫁，可惜对方虽有家财，却浪荡成性，坐吃山空，这次婚姻很快结束，仍是一场空。

1949 年后，宣景琳重获新生，进了上影剧团，参演了《自由天地》《女儿春》《三八河边》《家》《长虹号起义》《地下航线》《家庭问题》等片。

宣景琳一生共出演了 40 多部影片，饰演的角色有悲剧人物，也有喜剧人物；有骄奢淫逸的交际花，也有社会底层的受压迫者，戏路宽广。

1992 年 1 月 22 日去世，终年 85 岁。

宣景琳虽是妓女，但确系早年生活贫困所致，她本人并不水性杨花，反而勤奋认真，生活严肃。她不断努力，想尽办法，为自己赎身，足见其本性善良，追求上进。从这一点上看，她比很多虽非妓女但本性淫荡的女人强得多，至少觉醒得早。

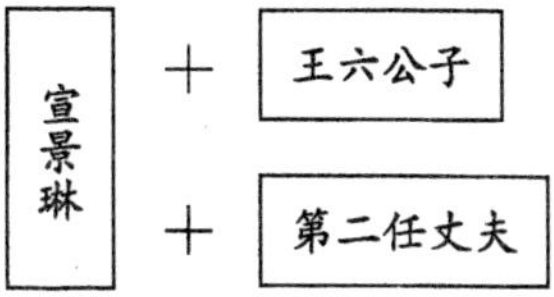

宣景琳婚史图

杨耐梅——艳星荡妇

杨耐梅（1904—1960），女，上海人，中国现代演员。

杨耐梅原名杨丽珠，其父是富商，从小娇生惯养，任性骄奢。在上海务本女中读书时，对戏剧产生兴趣，经常去看演出，结识了郑正秋。1923 年，明星影片公司筹拍《玉梨魂》，因找不到合适的女演员出演配角“小姑筠倩”，郑正秋最终选定了杨耐梅。影片公映后，很卖座，杨耐梅将片中那位放荡风流的交际花演得淋漓尽致，毫无矫揉造作之感。不久，又主演了《茶花女》，接着又主演了《诱婚》。这三部影片，将杨耐梅定位于“荡妇”上，因此遭到家人反对，但她坚持走自己的道路。

此后，杨耐梅的演艺事业如日中天，一连主演了《上海三女子》《良心复活》《她的痛苦》《四月里底蔷薇处处开》《北京杨贵妃》《花国大总统》《湖边春梦》《侠凤奇缘》《多情的哥哥》《美人关》等多部影片，且不再局限于扮演“荡妇”，还创造了不少正面女性形象。她演技精湛，声形并茂，又爱好交际，穿戴新奇，成为当时电影圈、社交圈的焦点。

因不愿受制于明星影片公司，杨耐梅创办了自己的耐梅影片公司，主演该公司首部影片《奇女子》，上映后反响不错。她被成功冲昏了头脑，得意忘形，更为放纵，在该片男主演朱飞（1903—1935）[1]的怂恿下，染上了赌博和吸毒的恶习，又大吃大喝，资产很快挥霍一空，还债台高筑。于是，她随大中国剧团到南京演出话剧《啼笑因缘》，反应平平，只得退出剧团。彼时，有声片已代替无声片，但她又不擅国语，且声名狼藉，被迫息影。

息影后，失去生活来源，竟然沦落到在香港街头乞讨。20世纪50年代，被老影迷发现，经多方联系，找到了她的女儿。女儿将其接回台湾，让她在台北安然度过了人生最后四年光景。

1960年去世，终年56岁。

杨耐梅一生私生活混乱。

拍摄《诱婚》时，杨耐梅结识了男演员王吉亭，很快与之同居。拍摄《空谷兰》时，她又和男主演朱飞同居，两人常常结伴出没纸醉金迷之所，又在朱飞的唆使下染上毒瘾，沾上赌博恶习。

筹办自己的电影公司，需要一大笔资金，杨耐梅为此一筹莫展。这时，土匪出身、盘踞山东的军阀头子张宗昌盛邀杨耐梅北上一聚，她不顾众人猜忌，毅然赴约。头牌艳星造访，轰动泉城，引发媒体热议。张宗昌为杨耐梅举办舞会，名流悉数到场，当然舞票不菲，每人一千两银票；又坐庄聚赌，赌客慑于张的淫威，不敢计较，张、杨联手将众人钱财搜刮一尽。杨耐梅逗留济南十来天，满足军阀肉欲，以色相换来荷包鼓鼓，平安返沪，令世人惊愕万分。

朱飞诱使杨耐梅沾染恶心，黄赌毒一样不差，影片《奇女子》还未拍完，不但资金亏空，还借下高利贷，只好向银行抵押房产。难以为继之时，一位西装革履的陌生青年——陈君景翩然而至，替她还清所有债务，助她完成影片。陈君景，曾赴美留学，获经济学

---

① 可参本书“王氏二霸，五毒俱全”一节。

博士学位，杨家世交之子，欣赏杨耐梅的艺术天分和创办公司的事业心，对其种种绯闻并不介怀。于是，二人结婚。婚后，杨耐梅判若两人，当起主妇，并生了一个女儿。不料，因连年战争，陈君景的产业蚀尽，穷困潦倒，两人移居香港。但是，杨耐梅早就声名狼藉，香港电影圈无人请她复出，没有片约，无力回天，生活每况愈下，最终沦为乞丐。

杨耐梅一生不知深浅，任性而为，率性行事，信马由缰。她在名利场横冲直撞，在花花世界纸醉金迷，从不适可而止，从不知度。“富家女”“艳星”“荡妇”，这三个标签是对杨耐梅一生的最佳概括。杨耐梅的确是个“奇女子”，但却遭到世人唾弃，后世应从其经历中汲取教训。正如她自己临终前所言：“余衷想前事，如春梦一场，甚思同业后辈，以余为借鉴，得意时切要留作后步，为老年时作计算。”①

王吉亭（1901—？），上海人，中国现代演员。

王吉亭曾出演《诱婚记》《最后之良心》《上海一妇人》《可怜的闺女》《空谷兰》《四月里底蔷薇处处开》《山东马永贞》《火烧红莲寺》《刀下美人》《新西游记》《三个父亲》《歌女红牡丹》《落霞孤鹜》《女性的呐喊》《热血忠魂》《船家女》《海棠红》《压岁钱》《马路天使》等影片。

王吉亭的父亲在上海开洋货公司，家境富裕。王吉亭喜欢结交三教九流，会驾车骑马，嗜好赌博，爱逛妓院，是出了名的纨绔子弟。

① 《春梦一场：民国第一艳星晚年沦为乞丐》，人民日报海外版官网 http://m.haiwainet.cn/middle/345837/2015/0225/content_28449192_1.html，搜狐网 http://m.sohu.com/a/311630463_643371。

在电影中，擅演淫娃荡子、恶霸流氓、瘪三坏蛋，这些角色与其经历完全吻合，戏里戏外浑然天成。

进入有声片后，因国语讲得不好，尤其浪荡本性难移，逐渐走向下坡路。多年拍戏，身体透支，吸上了鸦片，生活日渐艰难，又无儿无女，最终穷困潦倒而死。

卒年不详。

同是擅演荡妇，与杨耐梅同时代的女演员黄耐霜的人生之路，却比较稳健。

黄耐霜（1912—1967），女，北京人，中国现代演员。

黄耐霜原名黄云茵，幼年看过影片《孤儿救祖记》后萌生当电影明星的念头。1929年，入上海大中华百合影片公司，参演了《火烧九龙山》《银幕之花》等武侠神怪片。1930年，先后主演了《火烧平阳城》《江湖二十四侠》《黑侠》《彭公案》等武侠片，以专演“荡妇”名扬影坛。1931年，参演中国最初的片上发声片《雨过天晴》。1932年，主演了左翼影片《为国争光》。1934年，出演史东山编导的影片《女人》，后又出演《四千金》《梦里乾坤》《夜会》《武则天》《夜半歌声续集》等片，不仅扮演反派角色，还更多地扮演正派角色。抗战后，出演了《麻疯女》《木兰从军》《刁刘氏》等影片。1949年后，出演电影《妇女春秋》《武训传》《乔老爷上轿》等，参加上海剧影协会的学习，到上海电影演员剧团工作。“文革”中，被迫害致死，终年55岁。

黄耐霜早年虽曾擅演“荡妇”，但其本人毫不淫荡，作风正派，令人称赞。

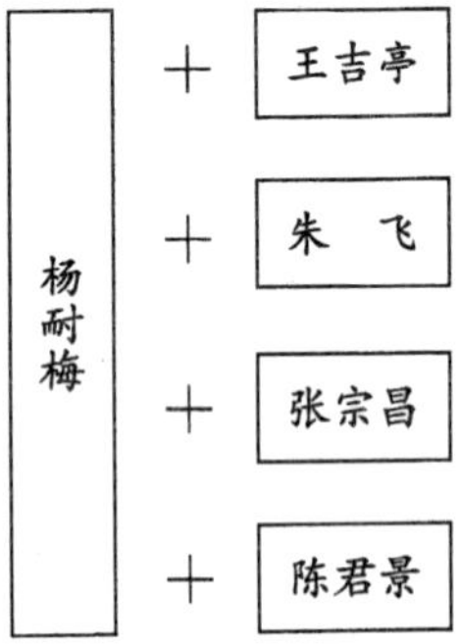

杨耐梅婚史图

梁氏四姊妹，募捐为抗战

20 世纪二三十年代，中国影坛出现了姐妹四人，她们是广东人，姓梁，都是演员，轰动一时。

梁家四姐妹，以“珍珠珊瑚”依次取名：老大梁赛珍，聪明；老二梁赛珠，诚恳；老三梁赛珊，乖巧；老四梁赛瑚，可爱。

老大梁赛珍，是一位饱经沧桑、遍历人生的人物，跳出电影圈跨进舞国，就是她独具慧眼的聪明之处。她曾饱尝爱情的痛苦，所以不敢轻易用情。她更了解金钱的强大，故与舞客们不即不离，若即若离，对谁都非常客气，这也是她为人处世的高明之处。

梁赛珍（1912—1985），1926 年从影，在大亚影片公司无声片《孽海惊涛》中饰演配角。1927 年起，任华剧影片公司演员，相继在《情奴》《迷魂阵》《猛虎劫美记》等片中饰演重要角色。1929 年后，相继主演《海滨豪侠》《百劫鸳鸯》《太极标》及六集片《火烧七星楼》等影片。1931 年，加入明星影片公司，主演《火烧红莲寺》（16—18 集）、《可爱的仇敌》等无声片及有声片《麦夫人》等。1934 年，为大长城影片公司主演有声片《还我山河》。1935 年，为联华影业公司主演无声片《四姊妹》。1941 年，出任新加坡南洋歌舞团女艺员协会主席。1948 年，出任新加坡南天酒店七彩龙凤舞宫总经理。

梁赛珠（1914—1987），因姐姐梁赛珍从影的缘故，也走上银幕。1935 年，在“联华”公司主演《四姊妹》。20 世纪 30 年代，还出演过《灵肉之门》《新人道》《战云情泪》等影片。

梁赛珊（1916—1992），1926 年出演处女作《孽海惊魂》。1935 年，在联华公司主演《四姊妹》。20 世纪 30 年代，曾出演影片《麦夫人》。

梁赛瑚（1917—2003），与三个姐姐联合主演过《四姊妹》。

抗战爆发，梁家四姐妹改行做舞女，是上海社交界的风云人物。后来，她们到新加坡做舞女。四姐妹十分热心为抗战募捐，曾多次发起善款筹集活动。

20 世纪 30 年代，老大梁赛珍曾与富商唐季珊交往，无果而终。后来，卷入阮玲玉自杀风波中，良心发现，幡然醒悟，与妹妹梁赛珊一道将阮玲玉的真实遗书公开，以便世人明白真相。

抗战爆发后，梁赛珍带领三个妹妹积极参与抗日，在红十字队当护士近两个月。1939 年，梁赛珍带着妹妹们来到新加坡演出，宣传抗日并极力募款。然而，“二战”之火也蔓延到了新加坡，梁氏四姐妹被日方列入黑名单，四处躲难，颠沛流离。

梁氏四姐妹的经历，是动荡年代自强女人的典型缩影。她们和阮玲玉一样，都是演员，所不同的是，她们能在一定程度上主宰自己的命运，而不至于沦为男人的玩物，权贵的牺牲品。而且，她们具有爱国情怀，在大是大非面前作出了正确的选择，值得称赞。

陆露明：随夫守疆，改行幼教

陆露明（1917—1995），女，辽宁沈阳人，中国现代演员。

陆露明祖籍广东中山，9 岁随全家移居天津，其父是建筑师。14 岁那年，父亲去世，生活无着，赴北平，考入联华影业公司演员养成所，参拍了一部实习影片《故宫新怨》。1933 年到上海，不久便参演了《风云儿女》一片。此后，加入明星影片公司，出演《小玲子》《压岁钱》《社会之花》等影片。抗战爆发后，出演了《日出》《欲魔》《少奶奶的扇子》《云裳仙子》等影片，红极一时。1942 年后，在中联影片公司出演《艳阳天》等影片。上海沦陷后，参加中国旅行剧团，主演《茶花女》等话剧，后为摆脱黑暗势力的纠缠随丈夫去了大后方。抗战胜利后，回到上海，出演了《巫山梦回》等影片。

新中国成立后，陆露明应邀加入中央实验话剧院，准备继续她的演艺生涯。但是，她的丈夫却响应党的号召，决定参加祖国边疆建设。陆露明顾全大局，牺牲自己，随丈夫一同去了边疆。

1958 年，陆露明随丈夫返回上海。“大跃进”中，很多家庭妇女走上劳动岗位，她们的孩子无人照管，陆露明为了解除其后顾之忧，积极参加街道托儿所的工作，成为一名幼教园丁，一直干到退休。

“文革”中，受到迫害。1995 年 1 月病逝，终年 78 岁。

陆露明把自己的美好青春献给了电影事业，在 20 多年的演艺生涯中一共拍摄了 30 多部影片。她对艺术的执着追求，对表演技艺的刻苦学习，难能可贵。她的人生道路坎坷，但对祖国爱得真诚，顾大局，识大体，在关键时刻总能作出正确的选择，是一个明智的成功女性。

陆露明 + 丈　夫

陆露明婚史图

张慧冲：爱国志士，武侠明星，魔术大师

张慧冲（1898—1962），广东中山人，中国现代演员、导演，魔术师。

张慧冲出身于旧上海一个家教森严的封建贵族家庭。1911 年，就读于上海麦伦学院，后考入上海吴淞商船学校，先后在英国太古轮船公司、广东广兴轮船公司担任大副。经历一次海难，大难不死，于 1922 年投身电影事业，加入商务印书馆活动影戏部、明星影片公司，先后主演了《爱国伞》《新人的家庭》《中国第一大侦探》《莲花落》《好兄弟》等片。后与人合股创办联合影片公司，主演《水落石出》《劫后缘》等影片。1927 年，其父去世，继承了 25 万银圆的财产，自创慧冲影片公司，专拍武侠片，自导自演了武侠片《山东马永贞》。张慧冲外貌英武，会驾车、骑马、游泳，好赛狗、养蟋蟀，适合扮演侠客，长于动作，号称中国第一位武侠明星。

“一·二八”淞沪会战时，张慧冲率摄制组赴上海闸北拍摄第十九路军英勇抗日的纪录片，定名为《上海抗日血战史》，配上粤语，在上海、广州同时上映，大大唤起了同胞的抗日热情。1932 年 11 月，在十九路军蔡廷锴将军推介下，张慧冲率摄制组分三路向北京进发，到达热河地区，拍摄纪录片《热河血泪史》，记录中国军队英勇抗

日的气概。1932年3月，热河失守，张慧冲的摄影器材全部被日军炸毁，他冒着生命危险，把拍好的胶片带回上海，洗印，上映，引起轰动。1933年3月19日，鲁迅在《申报》上发表《迎头经》一文，赞扬张慧冲的爱国义举。①

摄影器材被日军炸毁后，慧冲影片公司被迫关门。随后，张慧冲组建了一个魔术团，浪迹南洋，成为“海派魔术”的奠基人。

新中国成立后，在党中央的关怀下，张慧冲迎来了艺术生涯最为辉煌的时期。1951年，张慧冲重建魔术团，在上海龙门大剧场连演十八个月，前后更换三期节目，每期节目巨型魔术多达一百套，一次演完，场场客满，创下中国魔术史乃至中国演艺史上连演时间最长、观看人数最多的纪录。随后，赴华北、西北、中南、西南、华东十四省巡演，大受欢迎，彻底打响了“海派魔术”的声誉。1958年秋，张慧冲第四次率团进京演出，朱德、贺龙、陈毅、罗瑞卿等领导亲临观看，还受到周恩来总理的接见与宴请。

张慧冲编排的“巨型魔术”，阵容庞大，气魄宏大，节目多样，声势恢宏，他无疑是中国现代魔术的代表人物。显然，他在魔术上的成就不亚于电影。

晚年，张慧冲将他表演过的主要节目编成《魔术》一书出版，有上下两集。

1962年10月病逝，终年64岁。

2009年，张慧冲海派魔术被列为上海市非物质文化遗产。

张慧冲的妻子是徐素娥（1905—1932），广东香山人，中国现代演员。

1924年，徐素娥在大华影片公司参演了电影《人心》。同年，

---

① 《鲁迅全集》第5卷，人民文学出版社1957年版，第60页。

与其夫张慧冲组建联合影片公司，联袂主演了《情海风波》《夺国宝》等无声片。1926年公司停业，进入明星影片公司，主演了《无名英雄》等片。1927年，与丈夫组建慧冲影片公司，合作主演了《水上英雄》《中国第一大侦探》《海天情仇》等片，其间，又为快活林影片公司、天一影片公司主演《哥哥的艳福》《无敌英雄》等无声片。1932年，徐素娥在“一·二八”日军空袭中不幸遇难，年仅28岁。

1922年，张慧冲从影后，他的三个兄弟也先后步入影坛。张慧冲的大哥张晴浦、二哥张惠民联合创办了华剧影片公司，张惠民还兼任导演和演员，先后拍摄了故事片《奇峰突出》《乱世英雄》《山东响马》《万侠之王》（1—3集）等24部，并摄制了短纪录片《潮州八景》《上海救火会》《万国中华队》等，还出版不定期刊物《华剧特镌》。1932年，“一·二八”战役中，华剧公司毁于日寇炮火。张慧冲的七弟张达民，担任过上海光华大戏院经理。

张惠民之妻吴素馨，中国现代演员，先后出演了《悔不当初》《失足恨》《忠孝节义》《电影女明星》等20余部电影。

中国现代著名女演员阮玲玉6岁时，父亲病故，母亲带着她到张慧冲的父亲家帮工，因此，她与张慧冲兄弟七人一起长大，以兄妹相称。后来，张慧冲又介绍阮玲玉进入明星影片公司，成为演员。

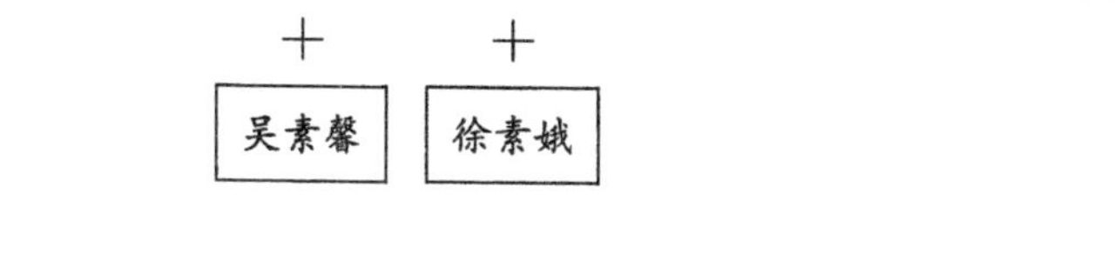

张慧冲婚史及族谱图

李旦旦：飞天奇女三度婚

李旦旦（1910—1998），女，广东海丰人，中国现代演员、飞行家。

李旦旦原名李霞卿，出生于1910—1912年间，其父是民新影片公司经理李应生。李旦旦曾就读于上海中西女校，自幼聪明活泼，多才多艺。1925年，其父与黎民伟合组民新影片公司，李旦旦因此进入影坛，成为演员。1926年，卜万苍（1903—1974）邀请她出演影片《玉洁冰清》中的一个角色，初登上银幕的她表演自然，落落大方，又活泼可爱，青春逼人，颇引人注目。此后，又在《和平之神》中与林楚楚合作，出演一个配角。1927年，在《海角诗人》中饰演一位对爱情忠贞不渝的渔家女，受到观众好评。此后，先后出演了《天涯歌女》《西厢记》《木兰从军》等片，颇为走红。1928年中秋，在"圆月繁星"观众评选活动中，李旦旦被评为"星级七姐妹"之一。

1928年，离开上海，前往英国伦敦。之后五年，李旦旦来往于英、法、美三国，参观学习西方电影工业，结交了不少外国影星，为喜剧演员卓别林的一次私人宴会当过"特别主持人"，与美国好莱坞电影明星同台合演过世界名剧《简·爱》。民新公司特意为她拍摄了一部新闻片《李旦旦放洋赴英美纪念》，在各大城市影院放映。后来，在法国、美国学习航空飞行，并成为美国妇女航空协会会员，加入了卡特皮勒飞行俱乐部。

1936年，回到上海，参加“上海市民献机命名典礼”，并与另一驾驶员登机凌空表演。之后，驾机飞越南京、洛阳、成都、西安、昆明、贵阳、太原、北平等城市，还撰写了一部20万字的《改革中国航空的建议》。

“八一三”事变后，迁居香港，后赴美国芝加哥。在美国，她驾驶一架名为“新中国精神号”的单翼型飞机，完成了一次极为轰动的环美飞行。又曾接受派拉蒙公司的邀请，参加以中国抗日战争为背景的影片《歧路》的演出。

从1944年3月起，为了募集抗战捐款，李旦旦飞遍南美各大城市，所到之处，受到热烈欢迎。然后，又飞行到古巴、委内瑞拉、阿根廷、巴西、秘鲁等国，于1944至12月飞回美国，不辞劳苦地飞行了九个月。抗战胜利后，李旦旦曾回到上海，后又在香港居住多年。1958年，在香港启德机场新跑道启用典礼上亲自驾机，示范表演。不久，李旦旦回美国定居，一直过着宁静淡泊的生活。

1997年香港回归典礼，李旦旦受邀出席。

1998年1月24日，病逝于美国南加州渥仑市，享年88岁。

李旦旦出生在一个很不寻常的家庭里。她的祖母徐慕兰是中国近代著名实业家徐润之的侄女，女革命家徐宗汉（1877—1944）的胞姐。父亲李应生，曾在上海法租界巡捕房中担任高级翻译。童年时，李旦旦随父到过欧洲，学过法语。回国后在香港、上海中西双语学校读书，精通英语。受家庭的影响和东西方文化的熏陶，李旦旦思想活跃，爱好广泛，胆识过人。祖母徐慕兰鼓励其父李应生、叔父李沛基走一条救国革命之路。广州黄花岗起义失败后，李旦旦的父亲、叔父合谋策划，用炸弹暗杀了清朝的一位将军，给革命烈士报仇。暗杀中，李旦旦的叔父牺牲了。李旦旦家族的血液里，先天就有精忠报国、冒险闯荡的因子。

李旦旦一生结婚三次。她的第一任丈夫是郑白峰，经姑妈郑毓秀介绍相识。郑是李应生以前一起搞革命的战友。郑白峰当时任国民党驻法国大使、国际联盟的秘书。李旦旦与郑结婚后，随夫到了法国。郑是个很好静的人，只喜欢待在家里看书，而李旦旦则天生豪迈，喜欢上天入地地玩命，夫妻两人的兴趣差距很大，后来终于离婚。第二次婚姻，她嫁给了一位姓徐的医生，几年后也因兴趣不同而离婚。第三次婚姻，她与一位李姓男子结婚，二人相伴随至生命的终点。

李旦旦是民国奇女子，完全没有中国传统女性的性格与气质，具备西方现代主义的典型特征，具有美国精神中与生俱来的冒险、革新、实干禀赋。她为自己选择的三任丈夫，她的三次婚姻，是自主的，不算失败。她的人生，当然是成功的。

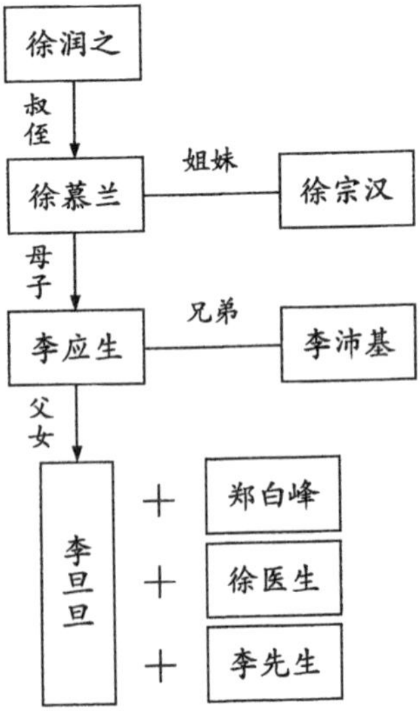

李旦旦族谱及婚史图

黎莉莉：健美明星两度婚

黎莉莉（1915—2005），女，北京人，中国现代女演员。

黎莉莉原名钱蓁蓁，祖籍浙江省湖州市。1926年，参演个人首部电影《燕山侠隐》。1927年，其父钱壮飞将其送入黎锦晖主办的中华歌舞团，学习歌舞，得艺名黎莉莉。1931年，随歌舞团转入联华影业公司，参演爱情电影《银汉双星》《一剪梅》。1932年，主演电影《火山情血》《芭蕉叶上诗》。1933年，主演电影《天明》《小玩意》。1934年，主演电影《体育皇后》《大路》。1935年，主演的电影《秋扇明灯》上映，主演电影《国风》。1936年，主演电影《狼山喋血记》《到自然去》。1937年，主演电影《人海遗珠》《如此繁华》《联华交响曲》。1938年，主演电影《热血忠魂》，主演的电影《艺海风光三：歌舞班》上映。1939年，主演电影《孤岛天堂》。1940年，出演电影《塞上风云》。1944年，主演电影《血溅樱花》《气壮山河》。

1946年，赴美，在华盛顿、纽约、洛杉矶几所大学进修。1947年，回国。

新中国成立后，成为北京电影制片厂的演员。1953年，出演电影《智取华山》。1955年，进入北京电影学院专修班学习，毕业后，留校任教，成为表演系教授。1963 年，担任剧情电影《汾水长流》的助理导演。

1991 年，获中国电影表演艺术学会“特别荣誉奖”。

1992 年，出演的电影《阮玲玉》上映。

2005 年 8 月 7 日，黎莉莉在北京病逝，享年 90 岁。

黎莉莉热爱运动，喜欢体育，以体格健美著称，其健美明星的形象直接得益于她在银幕内外展示的一双丰腴而性感的大腿。她所塑造的健美女性形象，既可促进体育大众化，又能吸引观众眼球，不但实用且极具商业价值。形体，是演员的基本素养，是演员的看家本领之一，黎莉莉正是以形体美成功俘获观众芳心的优秀演员。

黎莉莉的父亲是中国共产党地下工作者钱壮飞，母亲也是共产党地下工作者。

黎莉莉有两段婚姻。20 世纪 30 年代初，与电影技术专家罗静予结婚，生下儿子罗丹、女儿罗小玲。1970 年 1 月 26 日，罗静予逝世。1978 年，与和自己同龄的画家艾中信结婚。

罗丹是电影摄影师，是电影女导演凌子的第二任丈夫。

钱壮飞（1895—1935），浙江湖州人，中国共产党地下战线的优秀战士。

1915 年，钱壮飞考入北京医科专门学校。1919 年毕业，在医院工作。1926 年，加入中国共产党。1928 年初，到上海，在上海无线电管理处任职。1929 年底，打入国民党中央组织部党务调查科，任徐恩曾的机要秘书。1931 年 4 月 25 日，钱壮飞及时将顾顺章叛变的绝密消息告知中央，为保卫中共中央机关的安全作出了重大贡献。随后，进入中央苏区，历任中革军委政治保卫局局长等要职。1934

年 10 月，参加长征，遵义会议后被任命为红军总政治部副秘书长。1935 年 4 月牺牲（一说失踪）。

2009 年 9 月 14 日，被中共中央评为 100 位为新中国成立作出突出贡献的英雄模范人物之一。

罗静予（1911—1970），四川成都人，中国电影技术家。

罗静予少年家贫，辍学，自谋生计。1926 年，参加中国共产主义青年团。1927 年，考入中国共产党领导的国民革命军第七混成旅宣传队。1928 年，加入中国共产党。1931 年到上海，后与党组织失去联系，决定走技术救国的道路，刻苦学习无线电技术，钻研电影技术。抗战爆发后，赴武汉参加筹建中国电影制片厂。1937 年至 1938 年，在该厂编辑了多部新闻短片。1938 年底，出任香港大地影业公司经理，为蔡楚生的电影《孤岛天堂》录音。1941 年，出席美国电影工程学会年会。抗战胜利后，担任中国电影制片厂厂长，拖延国民党反动影片的摄制，因而被捕入狱。出狱后，于 1948 年赴西欧考察电影技术。1949 年初，取道香港回国。新中国成立后，历任文化部电影局技术委员会副主任兼制片处处长、中国电影器材公司经理、北京电影制片厂总工程师等职。

1970 年 1 月 26 日病逝，终年 59 岁。

艾中信（1915—2003），上海人，中国现代画家。

艾中信师从徐悲鸿、吴作人等中国第一代油画大师，提倡现实主义，主张创作立足于生活。历任中央美术学院教授、油画系主任、副院长，中国美术家协会理事等，代表作有《崇文门外》《雪里送炭》《紫禁城残雪》等。

凌子（1941—　），女，本名叶向真，是叶剑英元帅的二女儿。

凌子出生于延安，20 世纪 80 年代供职于中国新闻社，后转行电影，她导演的电影《原野》在威尼斯电影节获得“世界最优秀影片推荐”的荣誉，获得百花奖最佳故事片奖。此后，又导演了《风吹唢呐声》《三宝闹深圳》等几部影片。80 年代末，离开电影界，致力于儿童工作。

凌子的第一任丈夫是著名钢琴家刘诗昆（1939— ）。

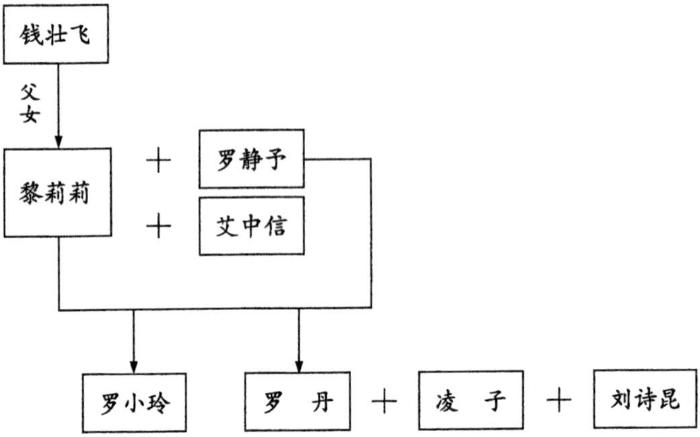

黎莉莉族谱及婚史图

严门九艺人，两杆大烟枪

严月娴（1911—1985），女，安徽歙县人，中国现代演员。

严月娴出生于上海，曾在上海启英女校读书。受其父影响，自幼爱好音乐和绘画。1925 年，加入戏剧协社。1926 年，出演《上海之夜》《好儿子》二片，以童星身份亮相影坛。接着，主演了影片《鱼叉怪侠》《英雄与美人》。其后，加入明星影片公司，在其父严格训练下能讲一口标准普通话，这在当时的演员中并不多见，故出演了《慈母》《春蚕》《路柳墙花》《满江红》《压迫》《三姊妹》《春之花》以及六集片《啼笑因缘》等多部影片，红极一时。

1936 年后，因个人感情问题，开始抽大烟，赌球，渐失光彩，一蹶不振。不久，离开明星公司，在小公司拍摄了《潇湘夜雨》《夜明珠》《珍珠塔》等片，但声誉每况愈下。《春风回梦记》是她演出的最后一部影片。

1949 年后，在上海文史馆工作。

1985 年 10 月 23 日病逝，终年 68 岁。

严月娴一生未婚，无儿无女。

严月娴之父严工上（1872—1953），安徽歙县人，中国现代演员、作曲家。

严工上曾留学日本，懂得十多种方言，精通昆曲。1925年，在神州影片公司担任演员。1928年后，在“长城”“友联”“复旦”等影片公司参与拍片。1932年后，在明星公司参与拍片，并为天一影片公司的电影《一夜豪华》作曲。1938年后，为“新华”“华成”“国华”“华新”等公司的影片作曲。他所作的歌曲极受欢迎，如《木兰从军》《夜来香》《红歌女忙》等。

严工上一生出演过《一江春水向东流》《压岁钱》等百余部影片。

严工上有七个孩子，三子四女：严箇凡（长子）、严与今（次子）、严折西（三子）、严月娴（次女）、严月泠（三女）、严月美（小女儿）。

严箇凡、严折西均毕业于南京新华艺专，秉承父志，从事音乐与电影工作。

严箇凡（1907—1989），中国现代演员、词作家，出演过默片《可怜天下父母心》，写了不少歌曲，李丽华唱红的《天上人间》便出自他的手笔。

严折西（1909—1993），中国现代音乐家，活跃于20世纪三四十年代，为诸多电影编创插曲，如白光的《如果没有你》、姚莉的《重逢》、周璇的《告诉我》《卖烧饼》、白虹的《别走得那么快》、李丽华的《帐外风光》、严俊的《一个女人等候我》《有一个晚上》、白云的《细雨迷蒙盼黄昏》等全由他作曲兼填词，一手包办。严折西一生创作了上百首歌曲，对中国流行音乐作出了重要贡献。

严折西的第一任妻子为薛玲仙（1901—1944）。20世纪20年代初，薛玲仙在黎锦晖的歌舞团出演过多部歌舞剧，担任《葡萄仙子》《月明之夜》《春天的快乐》《可怜的秋香》等歌舞剧的主角。1933年前后，正式进军电影界，短短几年，便主演了《粉红色的梦》《南海美人》《薄命花》等五部电影，并且灌录了多首电影插曲及单曲。20世纪30年代前期，演艺事业达到巅峰。1926年，与严折西结婚，育有一女。后来，薛玲仙沉溺于鸦片之中不能自拔，导致了她与严折西在30年代后期离婚。1944年，薛玲仙潦倒病重，在神志不清的状态下冻死在街头，年仅33岁。

严折西的第二任妻子为杨碧君，上海人，幼年家贫，每天叫卖晚报。聂耳听了她的卖报声，受到启发，谱了一首《卖报歌》，“啦啦啦，我是卖报的小行家，不等天明去等派报，一面走一面叫，今天的新闻真正好，七个铜板就卖两份报……”颇为流传。

三女严月泠也曾拍过电影及唱歌，参演过《夜明珠》《杜十娘》《珍珠塔》等影片。

小女儿严月美，五岁就在神州影片公司的《可怜天下父母心》中扮演童角，后又参演了《都会的早晨》《渔光曲》等片。

次子严与今是20世纪20年代南国社成员。一次赴南京演出，在火车上吹起笛子，吹完后将笛子放在座位上走开了，回座时一时忘记就坐下去，“咔嚓”一声，笛子断了。当时，严与今正在失恋之中，他认为这是不祥之兆，到达南京后，竟然投入秦淮河自杀而亡！后来，田汉据此编成电影剧本《断笛余音》。

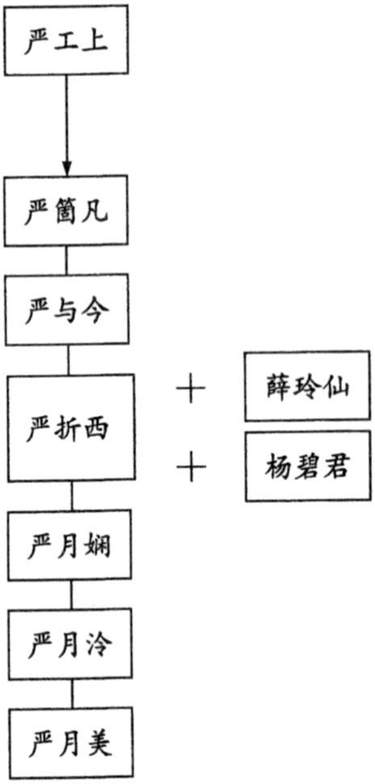

严工上族谱图

英茵：特工姑奶奶

英茵（1916—1942），女，北京人，中国现代演员，国民党特工。

英茵原名英洁卿，毕业于北平女子高等师范学校。毕业不久，奔赴上海，在明月歌舞团、上海联华影业公司歌舞训练班学习并演出。1936年，进入明星影片公司，相继在影片《生死同心》《清明时节》《压岁钱》《十字街头》《社会之花》中饰演重要角色，并主演了影片《梦里乾坤》。抗战爆发后，被迫中止银幕演艺事业。

1941年4月，英茵的男朋友平祖仁被日本宪兵队逮捕，英茵多方营救，未果。原来，平祖仁系国民党对日情报站负责人之一，英茵为其手下重要干部。至少有7件重大谍报案涉及英茵，其中5件是她乔装舞女或妓女，诱骗日伪人员到预定秘密地点，由谍报人员予以处决，有9名日寇及汉奸以上述方式被暗杀。

1942年1月8日，平祖仁被日寇枪杀。英茵强忍悲痛，领回平祖仁的尸体，将他安葬在万国公墓。

1942年1月19日，英茵在上海国际饭店吞服大量药物自杀身亡，年仅26岁。

英茵是英华之女，英千里的妹妹，英若诚的姑姑，英达的姑奶奶。

英敛之（1867—1926），又名英华，北京人，满族正红旗，天主教徒，中国现代著名报人。1898 年前后，受康有为、梁启超变法思想影响开始评论国事，曾在澳门《知新报》上发表同情戊戌维新变法的文章。1902 年，在天津创办《大公报》，兼任总经理。1911 年辛亥革命后，退居北京香山静宜园，创办女学、辅仁社等慈善教育事业，从事天主教革新工作，后又创办了北平辅仁大学。1926 年病逝。

英千里（1900—1969），名骥良，北京人，教授。13 岁，被父亲英敛之托雷鸣远神父带往欧洲留学。1924 年，英国伦敦大学毕业，回国，协助父亲筹办北平辅仁大学。从此，投身教育，一生致力于哲学、逻辑学的研究。他精通英、法、西班牙、拉丁四种语言，尤其是英语，备受外国人赞誉。抗战胜利后，任北平教育局长等职。1949 年，赴台湾，任教于台湾大学、辅仁大学。著有《逻辑学》。

英若诚（1929—2003），北京人，中国现代演员，英骥良的第三子，北京人民艺术剧院黄金时代的台柱子之一，先后主演了《骆驼祥子》《茶馆》《推销员之死》等名剧。英若诚从来就是个与政治不太相关的人物，却一辈子与政治纠缠不清。1986 年，出任文化部副部长。2003 年病逝。

英达（1960—　），北京人，中国当代导演、演员，英若诚之子，执导了《我爱我家》《候车大厅》《闲人马大姐》等多部情景喜剧。英达的第一任妻子是著名演员宋丹丹（1961—　）。

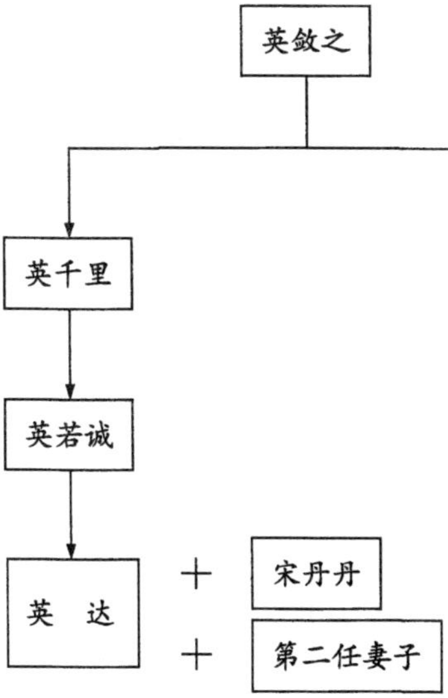

英茵婚史及族谱图

三颗笑星，悲喜一生

中国早期电影史整体上沉重悲怆，但也有喜剧片，也有喜剧演员，周空空、韩兰根、殷秀岑就是其中的杰出代表。

周空空（1887—1930），重庆长寿人，中国现代演员、导演。

周空空原名周大鹏，早年曾入军界，后离开，浪迹江湖，以相面为生。1923年前后，进入戏剧协社，主演了话剧《终身大事》。1924年，在新华影片公司参演《风尘三侠》，同年进入明星公司，先后主演了《济公活佛》《盘丝洞》《孔雀东南飞》《乾隆游江南》《唐明皇游地府》《刘姥姥进大观园》十多部影片，颇受欢迎。后来，又在几个小公司主演了《小情人》《活招牌》《夜光珠》《新红楼梦》《月老离婚》等30余部影片，从此蜚声影坛，成为闻名全国的喜剧明星，被称为"东方卓别林"。1927年，导演了个人首部影片《实业大王》。1930年初，导演了影片《忏悔》，这是一部诬蔑人民革命的失败之作，是其艺术生涯的一大污点。1930年8月12日，在四川被军阀杀害，终年43岁。

周空空生性聪颖，天资过人，爱好各种艺术，能写善画，尤喜音乐，善于表演。他能口衔毛笔写字（口书），还能手指蘸墨作画（指画）。但是，父母反对其从艺，他只好离家出走，飘零江湖，先到重庆，后至上海。一个名叫松村的日本人欣赏他的才艺，资助旅费，助其赴日游演。回国后，在上海表演独角戏，左脚击钵，右脚击鼓，双手拉琴，右腋夹槌击锣，一人包办一切；还能演杂耍唱猴戏，颇为新颖，观众云集，声名大噪，收徒甚多。

周空空体态修长，生性诙谐，一举一动都带滑稽感，又才思敏捷，在任何场合都能出口成笑，哗然四座。

周空空是江湖艺人的典型代表，草根性与游民性很突出。

周空空一生未婚。

韩兰根（1909—1982），上海人，中国现代演员。

韩兰根少时家贫，辍学谋生。十六岁进入电影界，先在影片《骷髅岛》中演了一点戏，后参演影片《豆腐西施》。1931年，因饰演《渔光曲》中的“小猴”而成名，被称为“瘦皮猴”。1936年，参演《狼山喋血记》。1937年，主演《王老五》等多部影片，其中，《天作之合》使其名声更盛，达到了喜剧表演的高峰。1947—1949年，自导自演了《从军梦》《海上英雄》等影片，反而不如其仅做喜剧演员受欢迎。新中国成立后，一直从事话剧演出，唯一参演的影片是《未完成的喜剧》。“文革”中受到迫害。1982年病逝。

韩兰根一生参演的影片多达250余部，数量惊人，是非常成功的喜剧明星。

殷秀岑（1911—1979），天津人，中国现代演员。

1930年，殷秀岑入北平联华电影人才养成所。结业后，在影片《故宫新怨》中扮演滑稽角色，同时加入未名社、狮吼剧社，演出《钦差大臣》《大雷雨》等剧目。1935年后，与韩兰根合作，演出了《无愁君子》《联华交响曲》《天作之合》等喜剧片。1938年起，先后参演了《乞丐千金》《儿女英雄传》《中国三剑客》等影片。1942

年后，参演了《万紫千红》等影片。抗战胜利后，参演了《山河泪》《九死一生》等片。新中国成立初期，组织大喜话剧团，在湖南、广西等地演出。1951 年后，在中国评剧团、长春电影制片厂任演员，并与韩兰根合作演出《未完成的喜剧》等影片。1956 年，参演影片《不拘小节的人》。

殷秀岑形体较胖，天生具有一定的喜感，他与“瘦皮猴”韩兰根反差鲜明，配合默契。韩兰根瘦得像豆角，殷秀岑胖如水缸；一个精灵乖巧，一个憨态可掬；两人的表演滑稽而不庸俗，幽默而不低俗，时常令人笑得掉泪。

殷秀岑一生演出近 200 部影片，是高产且成功的喜剧明星。

因父而荣，成就迥异

中国历史上，总有一些人靠出身吃饭，以拼爹取胜，早期电影史上亦不乏其人。这种人，若有真才实学，世人尚可接受，否则，只会沦为家道中落、江河日下之笑柄。

郑小秋（1910—1989），广东潮阳人，中国早期演员、导演。

郑小秋是著名电影导演郑正秋的长子，原名郑鸿彬，出生于上海，上海艺术大学肄业。六七岁就在舞台上扮演儿童角色。1923年，在其父导演的影片《孤儿救祖记》中饰演主角“孤儿”，获得成功。随后，又参演了《小朋友》《啼笑因缘》《春蚕》等影片。30年代初，与胡蝶搭档，主演了《啼笑因缘》《姊妹花》等影片。1938年后，任上海几家小公司导演，与洪深合作导演《弱者，你的名字是女人》，独立导演了《热血》等片。1949年后，郑小秋服从党的安排，投身科教片事业，导演了40多部科教片，如《水土保持》《保护耕牛》《中国武术》《写好毛笔字》等。1989年9月13日病逝，终年79岁。

郑小秋的才华远不如其父郑正秋，但尚且懂得表演与导演，尤其具有自知之明，知道进退，晓得分寸，故取得了一定的业绩，对我国电影事业作出了一定的贡献。

朱秋痕（1915—？），女，江苏苏州人，中国现代演员。

朱秋痕原名朱超南，受其父朱孤雁影响，自小耳濡目染戏剧。幼年，随父在上海新世界游艺场演文明戏，后辗转北平、天津。16岁，在父亲的天津爱华剧社表演。1931年，任明星公司演员，陆续主演了《旧时京华》《爱与死》《道德宝鉴》《前程》《上海二十四小时》《妇道》《人伦》《兄弟行》《新旧上海》等片。1937年转入艺华公司，主演《弹性女儿》。朱秋痕擅演浪漫型女子，如姨太太、舞女等角色。

朱秋痕在天津时，与一位男演员恋爱，遭到父亲的反对。后来，那名男演员被地痞流氓殴打致死，朱秋痕受到很大打击。成名后，朱秋痕抛弃往日的朴素与朴实，开始涂脂抹粉，精心打扮，并开始追求郑小秋，引起明星公司多人不满。加之，其父总是横亘于她的生活中，处处替她出头，为她安排，因而片约逐渐减少。抗战爆发后，朱秋痕双耳失聪，退出影坛。朱孤雁为她物色了一个夫婿，生了几个孩子。后来，二人离异，朱秋痕再嫁一个裁缝，生活变得日益艰难。朱秋痕晚年一直隐居在上海，不知所终。

朱秋痕的父亲朱孤雁，原名朱剑寒，早年演出文明戏，是春柳社的重要成员，是有名的悲旦。后来，为了纪念亡友，改名朱孤雁。20世纪20年代初，出任陈大悲主办的人艺戏剧专门学校助教。1931年，与女儿一起成为明星公司基本演员。

朱秋痕的一生，始终未能走出父亲的阴影，父亲是她一生的守护神，成败得失，利弊优劣，外人看得清清楚楚，只有她当局者迷。拼爹，其实就是自囿于爹，自困于父辈，子女要想超越父辈很难，尤其是在电影、戏剧这种全靠才华的艺术事业上。

田汉终非负心汉

田汉（1898—1968），湖南省长沙县人，中国现代剧作家，中国现代戏剧三大奠基人之一。

田汉原名田寿昌，出身于贫农家庭。1912 年，就读于长沙师范学校。1916 年，考入日本东京高等师范学校。1919 年，在东京加入李大钊组织的少年中国学会，开始发表文学作品。1920 年，发表话剧处女作《梵峨琳与蔷薇》。1921 年，与郭沫若等组织创造社，倡导新文学。1922 年，回国，受聘于上海中华书局编辑所。1924 年，创办《南国》半月刊，先后任教于长沙第一师范学校、上海大学、大夏大学。1926 年，在上海与唐槐秋等创办南国电影剧社。1927 年秋，任上海艺术大学文学科主任、校长，创作了话剧《苏州夜话》《名优之死》等，同欧阳予倩、周信芳等举行“鱼龙会”演出，影响甚广。1928 年，与徐悲鸿、欧阳予倩组建南国艺术学院，成立南国社，以狂飙精神推进新戏剧运动，多次到南京、杭州、广州等地演出，同时主编《南国月刊》。1929 年冬开始，积极参加政治活动。1930 年，以发起人的身份，参加中国左翼作家联盟成立大会，被选为执行委员会委员，接着参加了中国自由运动大同盟，后发起成立中国左翼戏剧家联盟。

1932年，加入中国共产党，积极投身党对文艺的领导工作，编写了《三个摩登的女性》《青年进行曲》等进步电影剧本。1934年，创作三幕话剧《回春之曲》；创作电影故事《风云儿女》，后经夏衍改为电影剧本，主题歌即田汉作词、聂耳作曲的《义勇军进行曲》；创作歌剧《扬子江的暴风雨》。1935年，被捕入狱，后被保释出狱。1937年，抗战爆发后，创作了五幕话剧《卢沟桥》，劳军演出，赴上海参加文化界救亡工作。上海沦陷后，到长沙、武汉从事戏剧界抗日统战工作，发起成立中华全国戏剧界抗敌协会。1938年，与马彦祥等编辑出版《抗战戏剧》半月刊，后筹办《抗战日报》，在国民政府军事委员会政治部第三厅负责艺术宣传工作，组建抗敌演剧队、宣传队和孩子剧团。1940年，到重庆，创办《戏剧春秋》，组建新中国剧社和民间抗日演剧团体。1944年，与欧阳予倩等在桂林主持西南第一届戏剧展览会，推动进步戏剧运动。

新中国成立后，任文化部戏曲改进局、艺术局局长。

"文革"期间受到迫害，于1968年12月10日去世，终年70岁。

1979年4月，获得平反。

田汉早期剧作主要宣扬个性，彰显"五四运动"中思想解放、个性解放的精神，如《咖啡店之一夜》《名优之死》。到了20世纪30年代，田汉已经完全接受马克思主义，立场逐渐转向贫苦工农，剧作也开始着力宣扬民众反抗压迫、寻求解放的斗争精神，如《梅雨》《回春之曲》。总体上看，田汉剧作最明显的特征是现实主义和浪漫主义的高度融合，他不动声色地着力凸显当时国难深重的时代氛围，赞颂普通民众为命运而抗争的精神。他塑造人物，不重细腻的描写，而重内心感受的抒发，勾勒人物时追求精神气质的凸显，而不在具体细节上雕琢。他的剧本结构，不以严谨取胜，而以气势见长，不论题材大小、人物多寡，皆能形成“广厦高阁”的壮阔情势。①在语言方面，田汉善于运用诗的语言为人物性格的深化、情节冲突的推进设置独特的意境。

田汉一生共有四次婚姻。

第一位爱人，是舅父易梅臣的女儿易漱瑜，他的表妹。1916 年，舅父出资将田汉和自己的女儿送往日本读书。田汉和易漱瑜青梅竹马，又都喜欢诗文，情投意合。1920 年底，田汉与易在日本结婚。不幸的是，五年后，易病逝。

临终前，易漱瑜将自己的同窗好友黄大琳介绍给田汉，希望他们能结婚。那时，田汉虽然有新的恋人，但还是与黄于 1927 年结了婚。

没有爱情的婚姻终究是不幸福的，田汉在婚外开始和一位远在新加坡的女教师林维中联系，彼此通信三年。林因逃婚出走南洋，她风姿绰约，一直想找一位有文化的丈夫。才华横溢的田汉正合她意，林大胆给田汉写信，袒露爱慕之情。就这样，再婚刚一年的田汉与林维中书信传情，在频繁的鸿雁传书中，两人建立了牢固的恋情。1929 年新年之后，田汉与黄大琳友好分手，和平离婚。

1929 年，安娥来到田汉身边做秘书。频繁的接触与交流，快速增进了两人的感情。1930 年秋，安娥与田汉同居了。消息很快被林维中得知，在林及其家人的逼迫下，田汉无奈地与定下婚约的林维中完婚。虽然两人成婚了，但婚后生活并不幸福，因为田汉已心仪安娥，不可挽回。1946 年 3 月，林维中与田汉协议离婚，结束了这段痛苦的婚姻。

田汉与安娥，历经感情折磨，最终走到了一起。婚后，他们度

① ［南朝宋］王微《杂诗二首》其一有句“寂寂掩高阁，寥寥空广厦”，表达了寂寥高寒的闺怨。

过了 20 多年的幸福生活。“文革”中，田汉受迫害冤死，安娥守寡八年，终随田汉而去。

安娥（1905—1976），女，河北获鹿人，中国现代作家，中共地下情报人员。

1925 年，安娥加入中国共产党。1927 年赴莫斯科中山大学学习。1929 年回国，受中共地下党派遣，担任国民党中央组织部驻上海特派员杨登瀛的秘书，将多份重要情报直接交给陈赓。后来，致力于歌词写作，成绩斐然，广为传唱的《卖报歌》《打回老家去》都是其代表作。还创作了报告文学《五月榴花照眼明》、诗集《燕赵儿女》等。抗战期间，安娥与田汉历经坎坷，结为夫妻。安娥不顾坊间流言“一见田汉误终身”，包容他的过去，他们相处 20 多年始终飞扬着“带泪的笑”，五味杂陈，这一切都被安娥写入了《白蛇传》《追鱼》《情探》等戏剧剧本。抗战胜利后，安娥扶持越剧《山河恋》，创作了越剧剧本《追鱼》《情探》，并指导排练。

1976 年病逝，终年 71 岁。

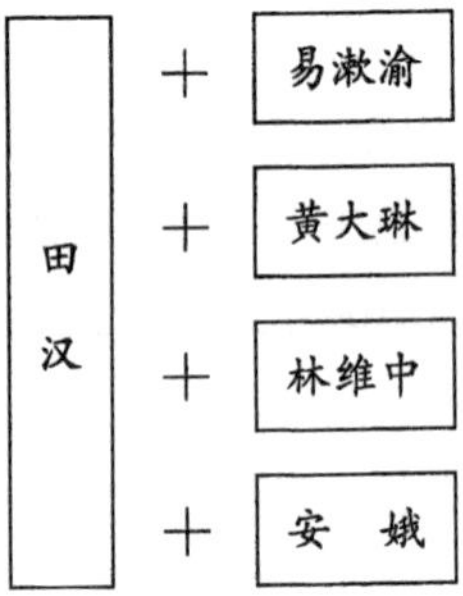

田汉婚史图

欧阳予倩：才倾三界，一生一婚

欧阳予倩（1889—1962），湖南浏阳人，中国现代演员、编剧、导演，中国现代戏剧三大奠基人之一。

欧阳予倩出身于书香门第，仕宦之家。1901 年，随祖父到北京读书。1902 年，入长沙经正中学；是年冬，前往日本东京，入成城中学。1903 年，毕业于日本成城中学。1905 年，回国。1906 年，重返日本求学，入明治大学学习商科，后又转入早稻田大学学习文科。

1907 年，加入春柳社，在话剧《黑奴吁天录》中饰演了两个角色，参演独幕剧《生相怜》《画家与其妹》。1908 年，参演话剧《鸣不平》。1909 年，参演话剧《热泪》。1912 年，应邀赴上海，参加“新剧同志会”，参演话剧《家庭恩怨记》《社会钟》。1913 年，创作五幕剧《运动力》《鸳鸯剑》。1914 年，创作话剧《大闹宁国府》，由郑正秋、张石川等在上海天仙茶园演出。1915 年，创作三幕悲剧《神圣之爱》，在杭州演出《卧薪尝胆》等京剧。1916 年，开始致力于传统戏曲的改革工作。

1919 年，在文学期刊《新潮》上发表小说《断手》，担任南通伶工学社主任；此外，革新剧场，亲拟剧场规则 12 条。1921 年，与沈雁冰、郑振铎、熊佛西、陈大悲等组建“民众戏剧社”，出版社刊《戏剧》杂志。1922 年，加入戏剧协社，创作独幕话剧《泼妇》，并由洪深导演搬上舞台。1924 年，在《东方杂志》上发表独幕剧《回家以后》。1925 年，在《国闻周报》上发表《乐剧革命家瓦格拉》，与周信芳合作主演话剧《汉刘邦》，加入民新影片公司。

1926 年，编写了个人首部电影剧本《玉洁冰清》，由卜万苍执导，正式步入影坛，自编自导个人首部电影《三年以后》。1927 年，自编自导剧情电影《天涯歌女》，与周信芳等合作演出京剧《潘金莲》。1928 年，担任南国艺术学院戏剧系主任。1929 年，在广州创办广东戏剧研究所并附设戏剧学校、音乐学校。

1931 年，加入中国左翼戏剧家联盟。1932 年，创作抗日活报剧《不要忘了》，在《现代》上发表独幕剧《同住的三家人》。1933 年，在《矛盾》上发表《从汉调说到花鼓戏》和独幕剧《上海之战》。1934 年，在周刊《戏》上发表《日本最近的宣传戏》，创作了电影剧本《新桃花扇》，在《东方杂志》发表《巴黎剧场》，在《戏》上发表《如何组织新剧剧团》。1935 年，发表《创作、翻译剧及改译剧》，在《文艺月刊》上发表《为什么要写实》。1936 年，发起并成立上海电影界救国会，编导电影《清明时节》《小玲子》《海棠红》，在《电影戏剧》上发表《不要以悲哀来纪念鲁迅之死》。1937 年，与周扬、夏衍等 121 位进步文艺工作者联合发表《反对意国水兵暴行宣言》，在《东方杂志》上发表剧作《渔夫恨》，编导了喜剧电影《如此繁华》，与应云卫等 370 人联合发表了《对于在华公映的抗议》。“八一三”淞沪战役后，与郭沫若、田汉、夏衍、周信芳等组成上海戏剧界救亡协会。1938 年，前往桂林，对桂剧进行改革，执导了话剧《流寇队长》《钦差大臣》等。1941 年，创作历史剧《忠王李秀成》。1944 年，与田汉等举办西南第一届戏剧展览会。

抗战胜利后，在新中国剧社和香港永华影业公司任编导，把京剧《桃花扇》改编成话剧。1946年，创作了京剧《孔雀东南飞》。1947年，执导话剧《桃花扇》。

1949年后，欧阳予倩历任中央戏剧学院院长、中国文联副主席、中国戏剧家协会副主席。1955年，欧阳予倩加入中国共产党。1957年，再次执导话剧《桃花扇》。1959年，根据《汤姆叔叔的小屋》创作了九场话剧《黑奴恨》。

1962年9月21日病逝，终年73岁。

著有《欧阳予倩剧作选》《自我演戏以来》《一得余抄》《电影半路出家记》《唐代舞蹈》《话剧、新歌剧与中国戏剧艺术传统》等。

欧阳予倩一生勤奋好学，对艺术精益求精，在戏曲、话剧、电影三个领域均成就不凡。他的大部分作品真实地反映现实，与现实生活紧密结合，具有强烈的时代感和现实性。他既熟悉现代的话剧艺术，又深谙传统的戏曲艺术，有长期的舞台演出实践经验，因此，他的创作故事性强，语言讲究节奏，民族特色鲜明，适宜于舞台演出。他的导演风格细腻，严谨，引人入胜。欧阳予倩一生重视创新，注意汲取外来经验，善于吸取古今中外一切精华。他还坚持理论与实践相结合，在理论上颇有建树。

欧阳予倩的祖父欧阳中鹄，是清末一位具有民主思想的学者。父亲欧阳自耘，常年赋闲；母亲刘倚霞有文化，会画画。

1906年，17岁的欧阳予倩与刘韵秋结婚，两人相伴一生，白头到老。欧阳予倩在《自我演戏以来》中写道："虽然是旧式婚姻，爱情之深厚，并不输于自由恋爱，且有过之。"[①] 田汉称赞他们夫妇：

① 上海三联书店，2014年版。

“台上典型台下效，铜琶应唱好夫妻。”[1]

欧阳予倩的长子欧阳山尊，子承父业，也是演员、导演。

欧阳山尊（1914—2009），中国当代演员、导演。

欧阳山尊参与了创建北京人民艺术剧院的工作，与焦菊隐、夏淳、梅阡等人一起开创了北京人艺的现实主义风格，先后导演了《春华秋实》《日出》《带枪的人》《三姐妹》《杨开慧》《末班车上的黄昏恋》《关汉卿》《松赞干布》《智者千虑必有一失》《红色宣传员》《于无声处》等50余部话剧，还导演了电影《透过云层的霞光》、电视剧《燃烧的心》等。

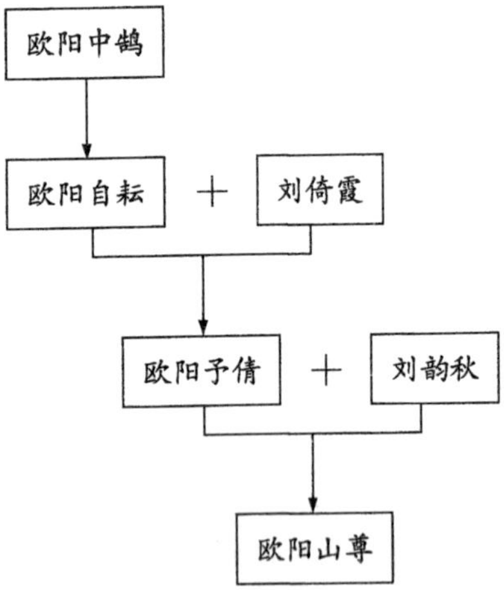

欧阳予倩婚史及族谱图

① 《中国戏剧》，1962年第10期。

洪深：悲怆一生，瓜瓞绵绵[①]

洪深（1894—1955），江苏武进人，中国现代剧作家、导演，中国现代戏剧三大奠基人之一。

1900年，洪深入私塾。1906—1907年，先后在上海徐汇公学、南洋公学就读。1912年，考入北京清华学校，在校期间热心新剧活动。1913年，因“宋教仁事件”，举家避难青岛。1915年，开始创作剧本，《卖梨人》是其处女作。1916年夏，自清华学校毕业后赴美国留学，入俄亥俄州立大学化工系学习陶瓷工程，同时继续戏剧活动。1919年，入哈佛大学戏剧训练班，成为中国第一个专习戏剧的留学生，获硕士学位。1920年，到纽约参加职业剧团演出。1921年，与张彭春合写英文剧本《木兰从军》。

1922年春，回国，在上海一家烟草公司任英文秘书。1923年，自导自演个人第一部话剧《赵阎王》，又导演《泼妇》《终身大事》等剧，建立了正规的导演制，实行严格的排练，实现男女合演，将

① 可参孙青纹：《洪深研究专集》，浙江文艺出版社1986年版；陈美英：《洪深年谱（1894—1955）》，文化艺术出版社1993年版；陈美英、宋宝珍：《洪深传》，文化艺术出版社1996年版；古今、杨春忠：《洪深年谱长编》，中国戏剧出版社2009年版。

舞台布景由原来的平面景改为立体景，这些做法在当时国内尚属首创，有力推动了文明戏的现代化。1926 年，创办复旦剧社。1928 年 4 月，洪深提议用“话剧”一词统一当时戏剧的称谓，同年冬加入南国社，任中华电影学校校长、明星电影公司编导主任，写出电影文学剧本《申屠氏》。1930 年，加入中国左翼作家联盟，任英文秘书，与田汉等发起中国左翼剧团联盟。1931 年，到复旦大学、暨南大学任教。1934 年，回到青岛，在山东大学任外文系主任，课余仍从事戏剧活动，带领师生演出了话剧《寄生草》，创作了电影文学剧本《劫后桃花》，勇敢抵制美国辱华影片《不怕死》。1935 年 7 月，会同王统照、老舍等十数人创办文学周刊《避暑录话》，不久，回上海与夏衍等合办《光明》半月刊。

抗战爆发后，出任上海救亡演剧第二队队长，在武汉一带演出。1938 年 4 月，出任国民政府军事委员会政治部第三厅戏剧科科长，和田汉一起组建抗敌演剧队、孩子剧团，深入战区宣传抗日；同年 11 月，长沙大火，受周恩来同志委派，出任善后委员会总指挥，负责赈灾。1939 年 12 月，随第三厅至重庆。1940 年，因经济拮据服毒自杀，经全力抢救脱险。1943 年，任中央青年剧社编导委员。1946 年，在重庆复旦大学任教，兼任国民党军委会戏剧教官；同年 8 月，回上海复旦大学任教。1947 年 5 月，去厦门大学外文系任教。

1948 年 12 月，赴东北解放区。1949 年 2 月抵北平，5 月赴苏联参加第一届世界和平代表大会，任北京师范大学外语系主任。1953 年，被选为中国文联主席团委员。1954 年，任文化部对外文化联络局局长。

1955 年 8 月 29 日在北京逝世，终年 61 岁。

洪深的主要成就在戏剧艺术上。首先，他是优秀的编剧，一生创作了 38 部话剧剧本，大都取材于现实生活，时代特色鲜明，如《卖梨人》《贫民惨剧》《赵阎王》《五奎桥》《香稻米》《包得行》《鸡鸣早看天》等。他还与人共同创作、由他执笔多部独幕剧，如《咸鱼主义》《走私》等。其次，他是优秀的导演，30 年间先后导演了《少奶奶的扇子》《李秀成之死》《法西斯细菌》《草莽英雄》《鸡鸣早看天》等大小剧目约 40 个。最后，他还是少见的戏剧理论家，著有大量理论批评著作，如《编剧二十八问》《电影戏剧表演术》《电影戏剧的编剧方法》《戏剧导演的初步知识》等。洪深注重戏剧的社会效果，能针对不同的剧本采用不同的创作方法，他是个深谙表演艺术的导演，善于用多种方法启发诱导演员，导演手法多样，且富于创造性。但是，因所受教育过于西化，与所处各个时代的主题结合得不够紧密，洪深的剧作具有“机械现实主义”之不足。总体上看，洪深为中国的话剧事业作出了重大贡献。

除了戏剧，洪深在电影编剧上亦有探索，他写的《申屠氏》是中国第一部电影文学剧本。

有《洪深文集》《洪深选集》行世。

洪深的一生，都蒙受着父亲的屈辱，毕生都未走出父亲之死的阴影。洪深的父亲，就是刺杀宋教仁的主凶之一洪述祖（1859—1918）。中华民国大理院判处洪述祖死刑，对其执行绞刑，这是中华民国第一次使用进口的绞刑机。行刑时，因身体太重，加之刽子手不熟悉绞刑机的操作，洪述祖竟然身首异处，死相比被斩首还惨，震动全北平。洪述祖之妾找了北京最善于连尸的医院，把头缝好才下葬。当时，洪深在美国留学，听闻此讯，身心受到巨大打击。此后，受人歧视，故而悲愤一生。

洪深的母亲张玉英，是洪述祖的正妻。洪深还有一妹洪汾，为同父同母所生。洪深的大弟洪济、小弟洪演，皆系同父异母所出。洪济，又名洪仲豪，中国现代著名电影人、导演，移居香港后创办华南电影公司。洪济的夫人为中国第一代武打女星钱似莺，其孙子为香港影星洪金宝。洪演，又名洪叔云，也是电影导演，辅佐其兄洪济多年。

洪深有三位妻子。发妻陶氏，封建传统女性，洪深赴美后离异。续娶余氏，生一儿三女，长女洪铃，患肺病而故；次女洪铜；长子洪镇；幼女过继给妹妹洪汾。余氏病逝后，洪深续娶第三位妻子常青真，生二女二男，两个女儿是洪钢、洪钤，两个儿子洪钟、洪锴均因病夭折。洪深比常青真大很多，受其影响，常青真跟随洪深从事戏剧表演，并出演《寄生草》女主角。

洪深，身材高大，嗓音洪亮，正直勇敢，因此屡遭排挤，这也是其在电影导演路上未能走得更远的缘由。洪深的一生，遭遇的打击与变故太多，但他对家庭充满了感情，很负责任。

钱似莺（1909—2007），女，上海人，中国现代演员。

钱似莺自幼性格活泼，像个男孩，八岁时干脆扮作男孩参加了精武体育会，练就一身硬功夫。1925 年，出演个人首部电影《南华梦》，后又出演了《红姑娘》《情场怪人》等片，小有名气。1930 年，主演武侠片《江南女侠》，一举成名，成为中国第一代武打女星。

抗战前夕，随丈夫洪济赴香港，一同创建了华南影片公司。此后多年，生儿育女，相夫教子。

1962 年，洪济去世后，钱似莺复出，不过年华已老，只能出演一些配角。

2007 年 10 月 15 日病逝，享年 98 岁。

钱似莺的丈夫洪济，又名洪仲豪，原在上海主持金龙影片公司兼任导演，先后拍摄了《飞龙传》《黑夜怪人》《海上女侠》《荒塔奇侠》等影片。

洪济的三弟洪演，也是香港电影人。

钱似莺有二十多个孙儿孙女，重孙也有十多个，儿孙满堂。其中，以洪金宝最为著名。

洪金宝（1950— ），香港人，中国当代著名演员、导演。

洪金宝七岁进入中国戏剧学院，师从于占元，以“七小福”名义活跃于舞台和银幕。十二岁涉足电影，处女作是《公主与七小侠》。十八岁，开始当龙虎武师，参演了《龙争虎斗》等影片。1971 年，开始当武术指导，第一部是《夺命双剑》，获台湾第一届金龙奖最佳武术指导奖。1977 年，开始当主角，第一部是《三德和尚与舂米六》。此后，在《提防小手》《七小福》《鬼打鬼》《福星高照》《僵尸先生》《败家仔》《夏日福星》《一个好人》《过江龙》《叶问》《叶问 2》《我的特工爷爷》《杀破狼·贪狼》等片中担任动作设计、演员甚至导演。截至 2019 年底，已出演 40 多部、导演 20 多部电影，对中国武侠片、功夫片作出了重要贡献。

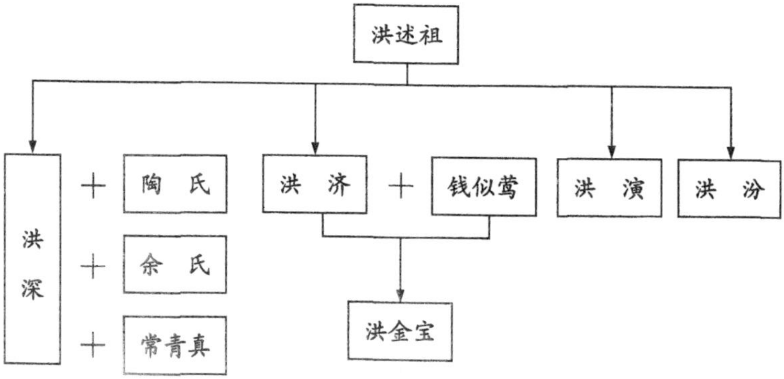

洪深婚史及族谱图

伍锦霞：女身男心，终身不婚[①]

伍锦霞（1914—1970），女，美国华侨第二代，美籍华裔现代导演。

伍锦霞祖籍广东台山，出生于美国旧金山。1935年，21岁的伍锦霞第一次当导演，在美国好莱坞日落大道租了一个摄影棚，集资拍摄了电影《心恨》。1936年，拍摄了第二部电影《民族女英雄》，描写一个矢志救国的女子，投身中国军队，用行动证明女子也能肩负作战任务。此片1937年3月13日在香港首映，后在广州等地公映，获得广东女权协进联会嘉许。此后，她接连执导了《十万情人》《妒风花雨》《一夜夫妻》三部爱情片，轰动一时。

1941年，太平洋战争爆发，她返回美国。同年，在美国导演了华语片《金门女》，当时只有三个月大的华人功夫巨星李小龙在该片中客串了几个镜头，是李小龙名副其实的电影处女作。

伍锦霞在拍片之余，还涉足电影发行，她和父亲合办了金门银光公司，购进粤语片，在北美、中南美的华人戏院放映。

从20世纪50年代起，她又涉足餐饮业，在纽约经营中国餐馆，

---

① 魏时煜、罗卡：《霞哥传奇——跨洋电影与女性先锋》，中华书局（香港）有限公司2016年版。

颇受欢迎。

伍锦霞一生导演过 11 部电影作品，其中 5 部拍摄于香港，6 部拍摄于美国，代表作为 1937 年导演的《民族女英雄》和 1961 年导演的《纽约唐人街碎尸案》。《民族女英雄》宣传全民抗战，鼓励妇女积极参与抗日救国工作，在香港上映后影响较大。《纽约唐人街碎尸案》改编自发生于 20 世纪 30 年代纽约唐人街的一桩真实谋杀案，讲述了一个发生在美国华人中的“陈世美不认发妻终被绳之以法”的故事，上映后一时引起轰动。可是，该片公映时，片头署名“导演”的却是胡鹏，而非伍锦霞。

胡鹏，男，20 世纪四五十年代香港著名电影导演，一生导演了 80 余部电影，其中 59 部为“黄飞鸿”系列武侠片，都由香港演员关德兴（1905—1996）主演。胡、关合作拍摄“黄飞鸿”系列电影的 1940—1960 年那 20 年，是香港功夫片从无到有直至兴盛的时期，具有拓荒性和首创性。尤其，关德兴更是“黄飞鸿”主演专业户，一生共出演了 77 部“黄飞鸿”电影，在华语电影史上绝无仅有，堪称一最。

《纽约唐人街碎尸案》片头未给伍锦霞署名“导演”的原因，主要是该片由女主演小燕飞投资。

小燕飞，1920 年 8 月出生于广东番禺，中国早期著名粤剧女演员，扮相俊美，唱腔圆润，深受广东、香港观众喜爱。1952 年，小燕飞与其他 20 名演艺名角集资创立中联电影企业有限公司，此后十余年，前后出品了 33 部寓教于乐、导向积极的剧情片，社会反响较好。

伍锦霞没有女人味，毫无女人气。她总是留短发，穿一身男式西装或男式猎装，香港影人称其为“霞哥”。她思想开放，观念超前，性格活泼好动，敬业勤恳，做事认真，风风火火，干练泼辣，一生为电影奔走忙碌。

伍锦霞毕生没有与男人相恋，终身未婚，无儿无女，也没有同性恋倾向。这样一个不食人间烟火的女人，早已忘却自己的性别，一生只为电影而活，世间罕见。

伍锦霞是女权主义者，还是独身主义者，抑或不婚主义者？或许，只有她自己最清楚。不过，这都不重要，她对华语电影的贡献是毋庸置疑的。

谢采贞：中国内地第一位女导演

谢采贞，生卒年不详，女，中国现代演员，很多电影史学家认为她是中国内地第一位女导演。

1924 年至 1925 年，谢采贞出演了但杜宇的多部电影，有《小弟》《小少爷》《百合花》《一个女孩》《孝女复仇》等。

1925 年，谢采贞为刚刚成立的南星影片公司自导自演了故事片《孤雏悲声》，英文片名为 *An Orphan's Cry*，这是其电影生涯的亮点，是其唯一的导演作品。《孤雏悲声》讲述了一个贫富无常、知恩图报的传统婚姻伦理故事。1925 年 9 月至 1926 年元旦，《申报》对该片进行了一系列报道。只可惜，该片今已散佚，无法看到。

尽管《孤雏悲声》大获成功，但谢采贞还是在 1926 年急流勇退，告别电影圈，嫁给圈外一个普通人，大隐于市，销声匿迹。

谢采贞，史上第一位中国内地女导演，在中国电影的萌芽期就敢于尝试导演，推出自己导演的长故事片，在那个十分封建、十分保守的时代，她的勇气着实超越诸多男性，她的才华值得肯定。

谢采贞，不应被遗忘的电影人，实现了从演员到导演的华丽转身，能进能退，明哲保身，值得后辈影人赞扬，值得今人怀念。

黄女娣：美国华裔第一位女导演[①]

黄女娣（1895—1970），女，美国华裔第三代，美国华裔第一位电影女导演。

黄女娣英文名 Marion E. Wong。少年时代，黄女娣曾目睹喜剧大师卓别林来她家取景拍摄电影，遂对电影产生浓厚兴趣。

21 岁时，即 1916 年，在家人的大力支持下，自编、自导、自演了一部黑白默片《关武帝》，英文片名 *The Curse of Quon Gwon: When the Far East Mingles with the West*。这部影片长约 35 分钟，描写了一个移民美国旧金山的华人家庭的悲剧，试图反思中西文化的差异与冲突。该片由黄女娣的家人投资并出演，为此特地成立了电影公司。

黄女娣编导演《关武帝》一片，希望通过该片让美国人了解华人的生活习俗和文化心理，但是，当年反华情绪高涨，美国公众根本没兴趣，并不买账。经历一次公开及一次私人放映后，《关武帝》被雪藏。90 年后，2006 年，黄女娣的后人在地下室发现了一堆

① 韩燕丽：《追溯海外光影——无声片时期在美中国移民的电影制作》，《当代电影》2016 年第 6 期。

残存的电影胶片，经辨认，确认正是这部《关武帝》。该片重见天日，引起电影界的重视。著名美籍华裔纪录片导演曾奕田（Arthur Dong）在《好莱坞的华人》（*Hollywood Chinese*）中提及此片，美国旧金山州立大学电影系华裔教授刘帼华（Jenny Kwok Wah Lau）亦给予肯定，主流媒体遂纷纷报道。黄女娣的后人几经波折，最终说服美国电影学院（AFI）修复了此片。此后，美国国会图书馆将其列入《国家电影名册》（*National Film Registry*）。

在中国电影的萌芽期，在世界电影的默片早期，黄女娣以一己之力，制作了一部全部由华人出演的电影，堪称华人电影先驱，是华人电影史上的精彩一笔。

因《关武帝》发行失利，未能收回投资，几年后，黄女娣嫁人，结婚生子，专心相夫教子。她的丈夫，是美国加州大学伯克利分校毕业的华人大学生，也是在美国取得执照的第一位亚裔电气工程师。黄女娣的一个女儿，后来成为美国纽约朱莉亚音乐学院的教师，她为此十分自豪。

或许，黄女娣的心中，一直涌动着电影梦，但是，美国的种族歧视泯灭并摧毁了她的这个梦。初战失利，黄女娣再也无法说服投资人，再也没有第二次机会导演电影，这就是电影史上无数次惨痛的教训。一生一梦，一生一片，好在，黄女娣的婚姻幸福，家庭美满。作为妻子和母亲，她无疑是成功的，这或许多少能慰藉这个女人那颗一生都为电影跳动的心。

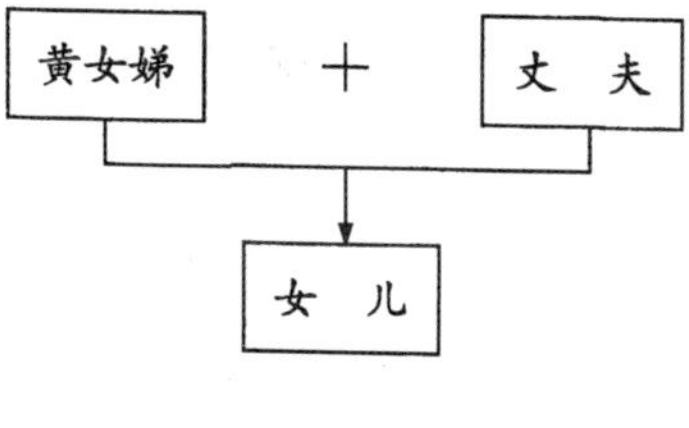

黄女娣婚史及族谱图

复习与回顾

▼黎民伟一夫二妻三人行，他的婚姻是否成功，对你有何启示？

▲黎民伟的婚姻当然是成功的。他一夫二妻，妻妾不分，他们三人都是幸福的。严珊珊饱读诗书，秀外慧中；林楚楚受过西方现代教育，聪慧贤良。三人有着共同的志趣和爱好，有着共同的理想和抱负，共同致力于电影事业，没有心机内讧，有的只是温情善意，相互扶持，实属世间罕见的和谐。黎民伟的家族在影坛拥有显赫的地位，他作为香港电影早期的开拓者，醉心于电影艺术，很多题材以宣扬“忠孝仁爱、自强不息”来滋养人们的心灵，抱着电影救国的信念，力图唤醒更多国民，利用电影宣传抗日，将一生奉献给电影事业。他是正直的、进步的、爱国的电影拓荒者，获誉“香港电影之父”乃实至名归。（杨艳，西安外事学院人文艺术学院广电艺术系主任，副教授）

▼你认为殷明珠成功的秘诀在哪里？

▲在婚恋的世界里，作为女性的殷明珠，与人交往时美丽而节制，热情而大方，且外语流畅，获得了世人的赞赏和好评。面对趋之若鹜的追求者，她能够清醒地忠于内心的选择。志趣相投是维系两人感情的前提。所以，作为女性，只有具备独立的品性、美丽的

人格及严格的家风，才能够铸就幸福的婚姻。（杨喃，西安外事学院人文艺术学院广电艺术系讲师）

▼王丹凤的婚姻是否成功，何以见得?

▲美人如玉，丹凤朝阳。在那个传奇而荒诞的时代里，没有任何道理可言，彼时曾获得多么热烈的掌声，很可能此时却要背负多么残酷的批斗。然而，无论潮起潮落，王丹凤总能低调自处，头顶星光不骄不纵，身陷囹圄不卑不亢。正是因为她有这样淡薄处世、谦逊做人、认真从艺的态度，方能为广大影迷奉献诸多经典的银幕形象。虽然“小燕子”已经飞走了，但为人们留下了如玉美人不灭的银幕风华。其实，岁月不会对任何人留情，重要的是这短短一生，有没有拼尽全力不留遗憾地过。可贵的是，在历尽人世颠沛沧桑之后，依旧能够怀抱初心，真诚拥抱生命。（赵光强，西安外事学院人文艺术学院表演系副主任）

▼纵观中国现代著名女演员上官云珠的一生尤其婚姻，你受到何种启发?

▲上官云珠给后世启发良多。时局动荡，社会变迁，这固然可以影响一个人的婚姻，但是，决定自己婚姻的主动权还是在自己手里。对异性的取舍，取决于你自己的人生追求和人生历练。物以类聚，人以群分，没有共同“三观”的一对男女不可能成为相守一生的伴侣。为了性，为了钱，为了名，这些都不是选择终身配偶的可取动机，为此而缔结的婚姻也不会稳固，更不会长久。（杨艳）

▼武侠女演员范雪朋追求自主与自由的精神，在当代是否依然适用?

▲范雪朋虽然出身于封建大家庭，但是，她的思想和行为并没

有被封建礼教束缚住，而是对自由充满更多的向往。可是，命运总是不公，母亲为她做主，将她许配给人。于是，她反抗了，逃离了，到了上海。这种对封建婚姻的反抗精神是值得称赞的，也是我们当代人应该具备的一种基本精神。生活总是充满了偶然性，恰恰是这样的一次对封建婚姻的逃离，使她从此跟电影结下了不解之缘，成就了她的武侠电影之路，成就了她的独特人生。范雪朋是一个自由的女性，更是自由的代表，值得后人效仿。（刘维付，西安外事学院人文艺术学院广电艺术系副主任，副教授）

▼你认为阮玲玉的性格中缺少什么，如何才能拯救她的悲惨婚姻与不幸人生？

▲阮玲玉的表演才华横溢，光芒四射，达到了中国无声电影时期表演艺术的最高水平，赢得广大观众由衷的倾慕。然而，她的婚姻十分不幸，一辈子遭遇了两个恶男人，最终将自己推向死亡的深渊。童年的不幸及生活的磨难，让阮玲玉过早地把自己的命运和一名玩世不恭、五毒俱全的富家少爷联结在一起，被张达民纠缠、威胁、勒索；而后又被花花公子唐季珊始乱终弃，推向了死亡的边缘，令人叹息。真正聪明的女人是独立而坚强的，她不会依附任何人，即使遇人不淑，即使困境重重，她也会珍惜自己的生命，活得朝气蓬勃。阮玲玉缺少的正是这样的独立和坚强，她的悲剧人生是个人性格缺陷造成的，如果她能坚强一点，豁达一点，或许将活出另一番动人的风景。（杨艳）

▼中国现代电影史上有不少婚姻失败的女演员，这给了你什么启发？

▲婚姻就像坟墓，这是一句经典的总结。很多情侣在恋爱时期你侬我侬，进入婚姻的围城后却闹得不可开交。生活的琐事太多，

鸡毛蒜皮，油盐酱醋，在恋爱时期是可以忽略的，但在婚姻里却无法避免。更何况，还是光环围绕的女明星，经营婚姻的好像不只是她们自己，还有周遭的朋友和关注她们的观众。种种压力，向这些柔弱的女人袭来，这些婚姻失败的女演员终于不堪忍受人生的非议，径自去了，兀自独行，留下一片白茫茫大地真干净，令人惋惜不已，令人唏嘘不已。（高博亚，西安外事学院人文艺术学院广电艺术系讲师）

▼从英茵的多重身份，到英氏家族的不凡成就，你悟出了什么？

▲她是风华绝代的女星，是交际场上曼妙多姿的女郎，是百年英氏家族的姑奶奶，更是奋战在抗日前线的地下工作者，这些标签，足以说明英茵的不平凡。泼辣洒脱是她的保护色，勇敢奋战是她的本色，柔软情深则是她最为隐秘的自我。在那个动荡破碎的年代，她的所为，她的刚烈，她的铮铮铁骨，足以令每一位国人敬仰。当男友离世之际，爱与恨，情与仇，国与家，难舍难分，又与谁人诉说？于是，她将身份与爱情一起掩埋，选择自杀，带走那些美好和苦楚，这是一种爱，更是一种勇气。

从姓氏丢失到人才辈出，百年英氏华丽标签之下，是每一代英氏人努力学习、知行合一并勇于实践的优良传统。第一代的饱读诗书与奋勇拼搏奠定了英氏家族百年兴旺的基底，后世子孙在此基础上传承家学，发奋图强，努力在各自的领域做到极致，从而形成了中国近现代文艺史上赫赫闻名的英氏家族。学习，永远是最公平也最富有性价比的事情，会学习并能持之以恒的人，自会拥有属于自己的收获。（赵光强）

参考文献

[1] 杨村：《中国电影卅年》，香港世界出版社 1954 年版。

[2] 公孙鲁：《中国电影史话》，香港南天书业公司 1962 年版。

[3] 程季华、李少白、邢祖文：《中国电影发展史》，中国电影出版社 1963 年版。

[4] Jay Leyda，*Dianying – An Account of Films and the Film Audience in China*，The MIT Press，Cambridge，Massachusetts，1972.

[5] 林友兰：《香港史话》，香港八角书房 1975 年版。

[6] 关文清：《中国银坛外史》，香港广角镜出版社 1976 年版。

[7] 谭宝全：《我国早期的影星命运》，《电影评介》1981 年第 11 期。

[8] 《中国电影家列传》，中国电影家协会电影史研究部，中国电影出版社 1982—1986 年。

[9] 余慕云：《香港电影掌故》，香港广角镜出版社 1985 年版。

[10] 余慕云：《香港电影史话》，香港次文化堂出版社 1996 年版。

[11] 赵良：《影人家事百态》，上海文艺出版社 1989 年版。

[12] 夏衍：《白头记者话当年香港报业春秋》，广东人民出

版社 1991 年版。

［13］竹子、罗明佑：《广东人对中国早期影业的贡献》，《岭南文史》1993 年第 12 期。

［14］张彻：《回顾香港电影三十年》，香港三联书店 1994 年版。

［15］吴蔚云、查元：《抗战电影追忆》，《电影艺术》1995 年第 4 期。

［16］陈荒煤、陈播：《周恩来与电影》，中央文献出版社 1995 年版。

［17］宇业荧：《戏说李丽华》，台北全年代出版社 1996 年版。

［18］《上海电影志》，上海社会科学院出版社 1998 年版。

［19］第七届中国金鸡百花电影节执委会学术研讨部：《重庆与中国抗战电影学术论文集》，重庆出版社 1998 年版。

［20］袁小伦：《战后初期中共与香港进步文化》，广东教育出版社 1999 年版。

［21］吴茵：《回忆昆仑影业公司的几件事》，《20 世纪上海文史资料文库》，上海书店出版社 1999 年版。

［22］Aihwa Ong，Flexible Citizenship: *The Cultural Logics of Transnationalism*，*Durham*:Duke University Press，1999.

［23］《南来香港》，香港电影资料馆 2000 年版。

［24］石川：《“十七年”中国电影史的研究与写作》，《电影艺术》2001 年第 5 期。

［25］钱筱璋、张岱：《地下影人的重庆回忆》，《炎黄春秋》2001 年第 10 期。

［26］Law Kar&Frank Bren，*HongKong Cinema—A Cross Cultural View*，The Scarecrow Press，Lanham，Maryland，2004.

［27］吴泳恩：《粤港电影大事记（1897—1959）》，《粤港电影因缘》，香港电影资料馆 2005 年版。

［28］包明廉：《影人风采录》，上海辞书出版社 2005 年版。

［29］单万里：《中国纪录电影史》，中国电影出版社 2005 年版。

［30］周承人、李以庄：《早期香港电影史》，香港三联书店 2005 年版。

［31］任宗德著，宋江洪主编：《川江烟波录——一个中国早期电影制片人的自述》，四川大学出版社 2005 年版。

［32］王淳华：《世纪影人》，中国广播电视出版社，2006 年版。

［33］张真：《银幕艳史——女明星作为中国早期电影文化的现代性体现》，《上海大学学报（社会科学版）》2006 年第 1 期。

［34］吴迪：《中国电影研究资料》（上下册），文化艺术出版社 2006 年版。

［35］赵士荟：《寻访老影星》，学林出版社 2008 年版。

［36］刘小磊：《中国早期沪外地区电影业的形成：1896—1949》，中国电影出版社 2009 年版。

［37］金其安：《中国早期电影事业的开拓者周剑云》，《江淮文史》2009 年第 2 期。

［38］张千等：《"中国早期电影学术论坛"召开老新专家齐议电影史》，《电影》2012 年第 11 期。

［39］龚稼农：《龚稼农从影回忆录》，台湾传记文学社 1967 年、1980 年两版，台湾文艺书屋 1969 年版，中国大百科全书出版社 2013 年版。

［40］余娟等：《做中国片的信徒——中国早期电影产业的观众研究初探》，《新闻传播》2013 年第 11 期。

［41］艾青：《中国早期电影人的"美国经验"与"中国梦"——洪深、孙瑜、张骏祥的跨文化电影创作实践论》，《上海大学学报（社会科学版）》，2013 年第 6 期。

［42］饶曙光：《对中国早期电影研究及其相关问题的若干思

考》，《南京艺术学院学报（音乐与表演版）》2013 年第 3 期。

［43］李宁：《我国东北早期的电影业》，《文史春秋》2010 第 9 期。

［44］铁波乐：《电影来了——成都的早期电影》，《西部广播电视》，2010-Z4。

［45］傅葆石等：《回眸“花街”：上海“流亡影人”与战后香港电影》，《现代中文学刊》2011 第 1 期。

［46］董丹弟：《百岁影人的电影人生》，《粤海风》2011 年第 2 期。

［47］张淳：《形象的焦虑：中国早期电影中的“现代人”与“现代性”（1921—1937）》，博士学位论文，首都师范大学，2012 年。

［48］薛峰、崔文东：《逃离与新生：上海影人南下香港》，《电影艺术》2012 第 6 期。

后　记

每个人都要经历婚姻，都要结婚，但是，并非每个人都会经历婚变，都会经历离婚、再婚、重婚、隐婚、婚外生子、丧偶、子女夭亡。这些动荡与畸变导致的人生痛苦在电影人这样一个备受世人关注的群体中表现得格外频繁，格外深刻。如果这些电影人还置身于内战频仍、时局多变的特殊历史时期，那么，他们的婚变之摇曳多姿与感慨万千必定不亚于其所栖身的那个乱世。

此书正是一部乱世电影人的婚姻史，尤其着力于婚变史，貌似乱中寻乱、乱上加乱，实则乱中求真、乱中取静。察台前幕后，观戏里戏外，觅银幕上下，看镜中你我，此书严肃而冷静地评骘 1949 年前我国最具代表性的 80 余位电影人婚姻的成败得失，绘制其婚史图和 / 或族谱图，总结他们对待婚姻乃至人生的经验教训，针砭时弊，警示后人。

成功的婚姻未必带来成功的事业，但是，成功的事业背后必定有成功的婚姻。

不论结婚还是离婚，都应把“责任”放在首位，对配偶负责，对子女负责，对社会负责。

不论是与同行联姻，还是与外行结合，婚姻的真谛就在于平等互敬，尊重互爱，同甘共苦，难福同当。

不论是身处乱世，还是生逢盛世，婚姻能够维系长久的奥秘就是彼此包容，宽宏大度，求同存异，抓大放小。

不论是一生一婚，还是一生数婚，婚姻的含金量不在数量，而是质量。

感谢中国传媒大学戏剧影视学院，感谢北京师范大学艺术与传媒学院，感谢上海戏剧学院，特别是刘晔原、彭文祥、周涌、胡智锋、万传法教授。

感谢西安外事学院，感谢董事长黄藤，感谢人文艺术学院院长王冠，感谢科研办公室主任方英武，感谢教学与研究部部长潘君，感谢人力资源办公室主任李建伟。最终促成此著出版的正是你们，你们的慧眼必将得到学界的认可，业界的尊敬。

限于学识与水平，拙著难免疏漏，期待广大读者尤其是这些早期影人的后代多提意见，更期待全球中国电影史学者不吝赐教，与我携手将这一研究推向深入，日臻完善。

请惠赐电邮至 yangxinlei@yahoo.com，砥砺共勉。

2020 年 6 月 8 日

于古城西安